図解 眠れなくなるほど面白い

筋肉の話

スポーツ&サイエンス代表
坂詰 真二
Shinji Sakazume

日本文芸社

はじめに

ここ数年、日本はちょっとした筋肉ブームが続いています。メディアではムキムキの芸人さんやタレントさんを見かけることが多くなり、究極まで体脂肪を削った肉体美を競うコンテストとその参加者も増えてきました。

ですが、こんな状況が誤解を生んでいるかもしれません。何も筋肉は肉体美を誇示するためだけのものではないからです。

本書でまず知っていただきたいのは、筋肉は子どもから高齢者まで、万人にとって健康上も美容上も必要なものだということです。年齢に伴って体型が崩れたり、健康診断の数値が悪くなったり、疲れやすくなったり、アチコチに痛みが出たり、歩くスピードが遅くなったり、全て筋肉の減少が大きく関わっています。

次に知っていただきたいのは、筋肉は意外なほど楽に手に入れることができるということです。歯を食いしばったり顔をしかめたりするほど重い負荷で行うのも、10種類も20種類も取り組むのも、何十回と反復するのも、毎日行うのもすべて健康上も美容上もかえってマイナス。正しい方法ならば、最大でも20分間、週に2回実施するだけでよいのです。

運動が苦手、運動経験がないからと躊躇する必要もありません。筋トレはスポーツとは真逆といってもいいほどシンプルな往復運動なので難易度が低く、むしろ運動が苦手な人、経験の少ない人ほど効果が出やすいという特徴もあるのです。

まずは気軽に本書を楽しんでください。すべてを読み終えたら自然と体を動かしたくなり、動かすほどに体のよい変化を実感いただくことができるはずです。

スポーツ&サイエンス代表　坂詰 真二

痩せたのにきれいに見えないのは

筋肉が足りていない証拠

理想的なスタイルを目指してダイエットしたのに、見た目がやつれて肌はカサカサ、疲れやすくなってしまった……。その原因はズバリ、筋肉不足です！　「正しい筋トレ」を実践すれば、スッキリと引き締まった健康的な体になり、気持ちも明るくなります。

食事制限がいちばん効率的！
とにかく食べる量を減らせばいい

・糖質制限　・1日1食
・主食抜きダイエット

その結果、たしかに体重は落ちたけれど…

年齢よりも
老けて
見える…

立ち姿や
シルエットが
だらしなく
見える…

標準体重
なのに、
なぜか太って
見える…

気持ちも
不安定で
落ち込みがち…

スラッとした立ち姿、引き締まったおなか、
キュッと上がったお尻、長く細見えする脚…

理想のスタイルをつくるのは「筋肉」！

見た目に影響する
「引き締め筋」だけを
効率よく鍛える

筋トレ

腕立て100回、腹筋100回…
そんな「ド根性筋トレ」はだめ！

間違ったフォームなら
何回やっても意味なし！

美と健康のカギは「筋肉」。
その仕組みと正しい鍛え方を知れば
誰でも理想の体に変わることができます！

筋トレは毎日
やってはダメ？

筋トレで腕や脚が
太くなってしまう!?

筋肉にまつわる
ギモンを

解消！

プロトレーナー直伝！
効率よく体をつくる

食べ方

筋肉を効率よく
つける食べ方！

プロテインの
上手な利用法！

今の自分の体は何歳？
筋肉年齢セルフチェック

筋肉は加齢とともにどんどん減少し、いわゆる中年太りの最大の原因となります。特に40代、50代は筋力の衰えに拍車がかかる「運命の分かれ目」です。理想は、20歳の筋力。まずは自分の筋肉レベルをチェックしてみましょう！

筋肉年齢セルフチェック① 下半身

片脚をまっすぐ前に伸ばして、しゃがむ。両手は前に伸ばし、伸ばした脚のかかとは床に軽く触れるようにする。そのまま後ろの軸脚の力だけで立ち上がる。片手は壁に触れてよい。左右の脚でそれぞれ立ち上がれたらOK。

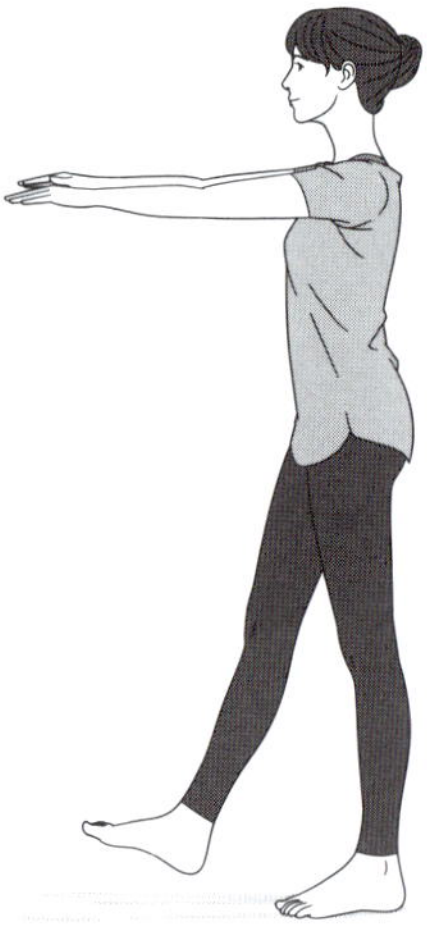

男女とも

左右ともにできた…2点
片脚だけできた…1点
左右ともにできなかった…0点

セルフチェック①～③の合計点を出してみよう

① ＋ ② ＋ ③ ＝ 合計

筋肉年齢セルフチェック② 上半身

肩幅に開いた両手を床につけ、両脚はそろえて伸ばす。頭からかかとまで一直線になるようにする。2秒かけて胸が床に触れるまで肘を曲げて体を沈め、2秒かけて元の姿勢に戻る。これを最大6回実施する。

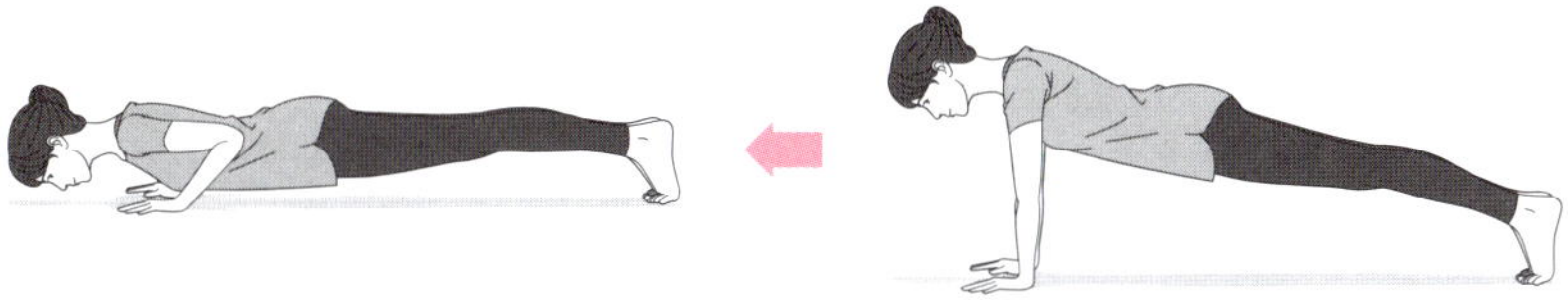

男女とも

6回できた …………5点	3回できた ……… 2点
5回できた …………4点	2回できた ……… 1点
4回できた …………3点	1回以下 ……… 0点

筋肉年齢セルフチェック③ 体幹

両脚をそろえて仰向けになる。両手をお尻の下に入れ、手のひらを重ねて床につける。2秒かけて脚を床と垂直になるまで上げ、2秒かけて下ろす。かかとが床に軽く触れたら再び脚を上げる。これを最大6回実施する。

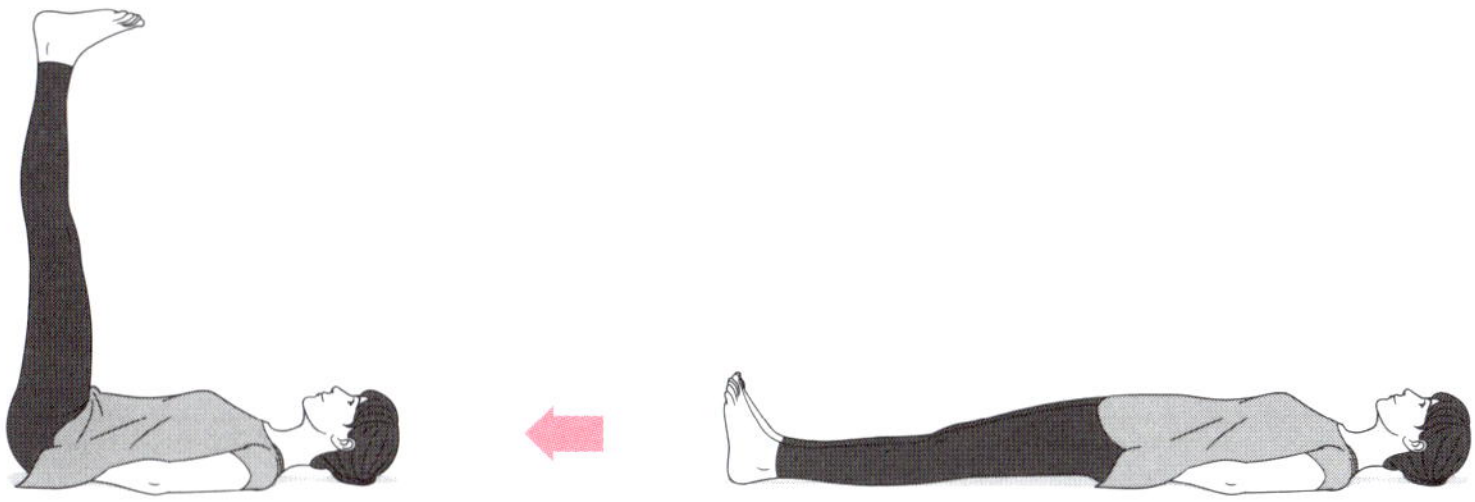

男女とも

6回できた …………5点	3回できた ……… 2点
5回できた …………4点	2回できた ……… 1点
4回できた …………3点	1回以下 ……… 0点

次のページで結果をチェック

筋肉年齢セルフチェック
チェック結果

6～7ページで出した合計点の結果です。

合計点	筋肉年齢	
男性：12点 女性：10～12点	20代	筋肉量は20歳が人生のピーク。今が最も理想的な状態です。
男性：10～11点 女性：8～9点	20代後半～30代	体力の衰えはあまり感じないものの、内部では筋肉量が少し減少し、体型が崩れ始めています。
男性：8～9点 女性：6～7点	40代	筋肉量は20歳の90％程度。中年太りが始まり、メタボリックシンドローム、生活習慣病のリスクが高まっている状態です。
男性：7～8点 女性：4～5点	50代	筋肉量は20歳の80％程度。明らかな中年太りに加え、体力の衰えに拍車がかかって、疲れやすくなっています。
男性：5～6点 女性：2～3点	60代	筋肉量は20歳の70％程度。メタボに加え、ロコモティブ・シンドローム（※）に陥っている恐れがあります。 ※筋肉や関節、骨などの健康が損なわれ、要支援、要介護のリスクが高まった状態
男性：3～4点 女性：1点	70代	筋肉量は20歳の60％程度。階段を上ったり早く歩いたりすることが難しく、少し動いただけでも疲れやすい状態です。
男性：2点以下 女性：0点	80代	筋肉量は20歳の半分程度。体は疲れやすくケガもしやすく、今のままでは近い将来歩行に支障をきたすでしょう。

本書で紹介するトレーニングを実践して、
筋肉年齢を若返らせていきましょう！

運動習慣のない人こそ、
筋トレはメリットだらけ！

筋トレをするとスタイルがよくなるだけではなく、脳の認知機能がアップしたり、免疫力が向上して風邪をひきづらくなるなどよいことがたくさん。運動習慣のない人ほど、その効果はてきめん。正しい筋トレは、実は健康への最短ルートです！

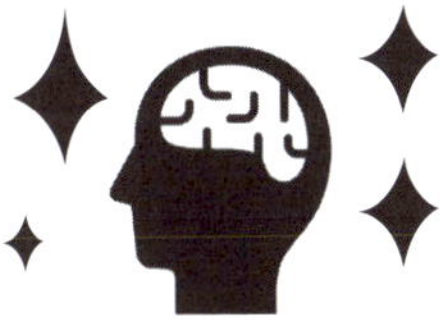

認知機能向上

免疫力アップ

ストレス解消
メンタル安定

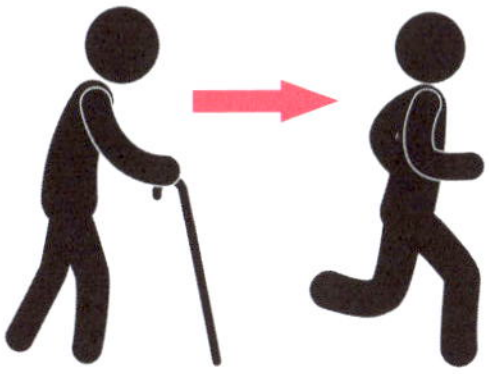

一生健康な足腰

勝手に
痩せていく体に

バーベルやマシンを使った
ハードな筋トレはやらなくてＯＫ！
本書で紹介する筋肉の正しい知識と
トレーニングで、一生役立つ体が手に入る！

眠れなくなるほど面白い 図解 筋肉の話

もくじ

第2章 知っておきたい筋肉のキホンとギモン

第4章 効率よく体をつくる食べ方と栄養の話

第1章

理想の
スタイルをつくる
カギは
「筋肉」

食事制限だけでは痩せてもたるんだシルエットに

「体重を減らす＝見た目がよくなる」とは限らない!?

「痩せるとスタイルがよくなる」「痩せるには、食事制限が簡単で効率的」と、つい思ってしまいがちです。実際、食事量を極端に減らせば、不足するエネルギーを補填するために体の貯蔵栄養である脂肪や糖が分解されるので、体重は減ります。数値にあらわれやすく、体重計に乗るのが楽しくなるでしょう。

でも、それだけで見た目がよくなることは難しいのです。家に姿見があれば、その前に立ってみてください。体重を減らしたあなたは、本当に見た目がよくなっていますか？　「痩せた」というより「やつれた」になってはいませんか？

短期間で急激に行う食事制限では、体脂肪だけでなく筋肉も分解されてエネルギーとして使われるので、たるんだシルエットとなってしまいます。体に必要な骨や赤血球なども減るので、さまざまな不調も招き、体力が落ちて疲れやすくもなります。そのうえ心理的なストレスがかかり、摂食障害などを引き起こすリスクも高まります。

水分やビタミン、ミネラルも不足し、ホルモンの分泌も悪くなるので、肌が乾燥したり荒れたりして美容上もマイナスです。**健康で引き締まった体は、しっかりした筋肉量を保ったまま体脂肪だけを減らすことで獲得できます。**そのためには食事コントロールは不可欠ですが、それだけでは見た目がよくならないのです。

食事制限で急に体重を落とすのはNG

急激な食事制限は、体に必要な水分や筋肉、骨などが減少し、
さまざまな不調を引き起こしてしまう。

筋肉量の減少・骨密度の低下

体力低下／体調不良

水分の減少

肌がカサカサ

心理的ストレス

摂食障害のリスク

見た目の美しさには筋肉が必要不可欠

引き締まった
体

みずみずしい
肌

疲れ知らずの
体

健康的な
メンタル

内面の健康は外見にあらわれる！

太って見える、老けて見える原因は筋肉不足

見た目をよくする決め手は筋肉！

体重はまったく変わっていないのに、以前より太って見えるようになった、あるいはおなかや腕、お尻などがたるんできたと感じることはありませんか？　自分は食べ過ぎたり飲み過ぎたりしていないし、体重も変わっていないから大丈夫！　そう思うのは大きな間違いです。

試しに20歳前後の頃の自分の写真や動画と、今の自分の姿を見比べてみましょう。はたしてあの頃のように引き締まった体型を維持できているでしょうか？　胸やお尻の位置が下がっていたり、顔が一回り大きくなっていたり、おなかがせり出したりしていませんか？

特別な運動やスポーツをしていない限り、確実に筋肉は減っていて、それと置き換わるかのように体脂肪が増え、あなたの体型は確実に崩れているのです。というのも、**筋肉は常に体脂肪をエネルギーにして体温を保つ働きをしているのですが、年齢とともに筋肉は少しずつ減っていき、消費カロリーがダウンして代謝が落ち、その分体脂肪が増えてしまうからです。**20歳以降は0.5〜1％の割合で筋肉が減っていくといわれています。

筋肉を鍛えていると腕や脚が太くなってしまうと心配する人がいますが、それは杞憂に過ぎません。減ってしまった筋肉を取り戻せば、自然と体脂肪が減って20歳の頃の引き締まった若々しい体に戻ることができます。

こんな体型になっていませんか？

自分が思っている姿

若々しい引き締まった体型！

実際はこんな体型かも…

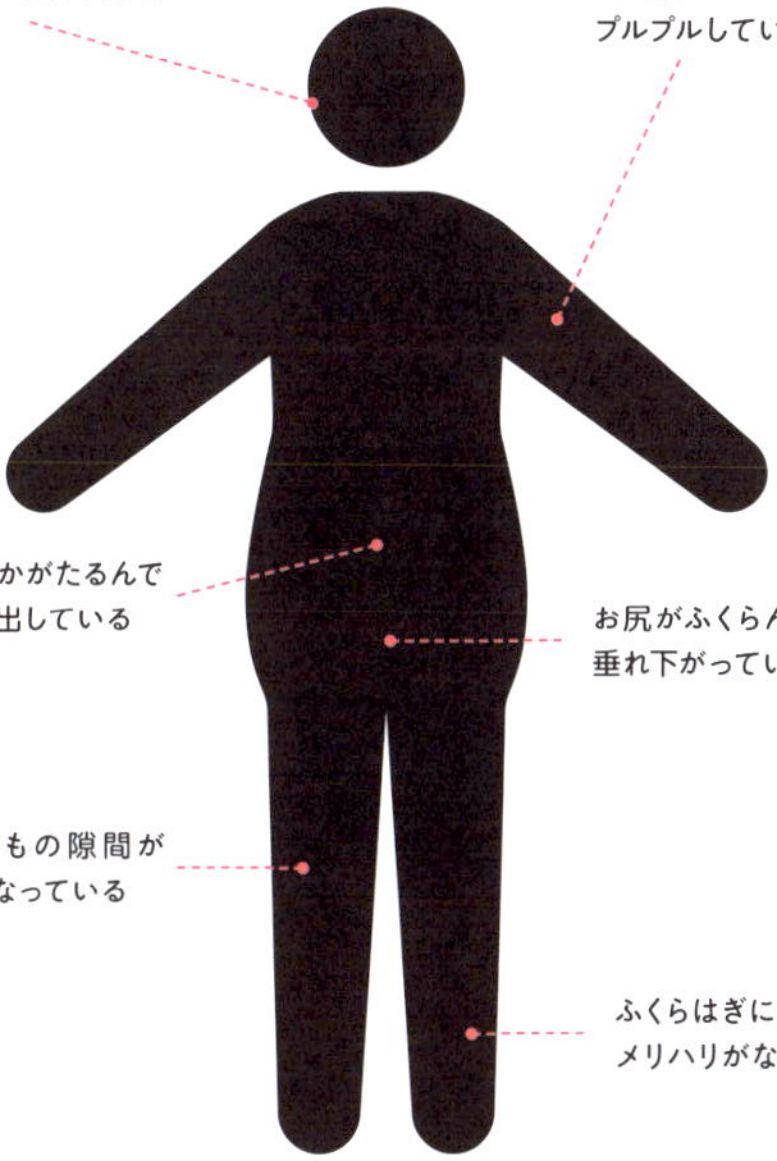
顔が一回り大きく
二の腕がプルプルしている
おなかがたるんでせり出している
お尻がふくらんで垂れ下がっている
太ももの隙間がなくなっている
ふくらはぎにメリハリがない

想像と現実のギャップは筋肉不足が原因！

筋肉の量が脂肪の量を決定する。

筋肉は20歳のピークから少しずつ減っていく

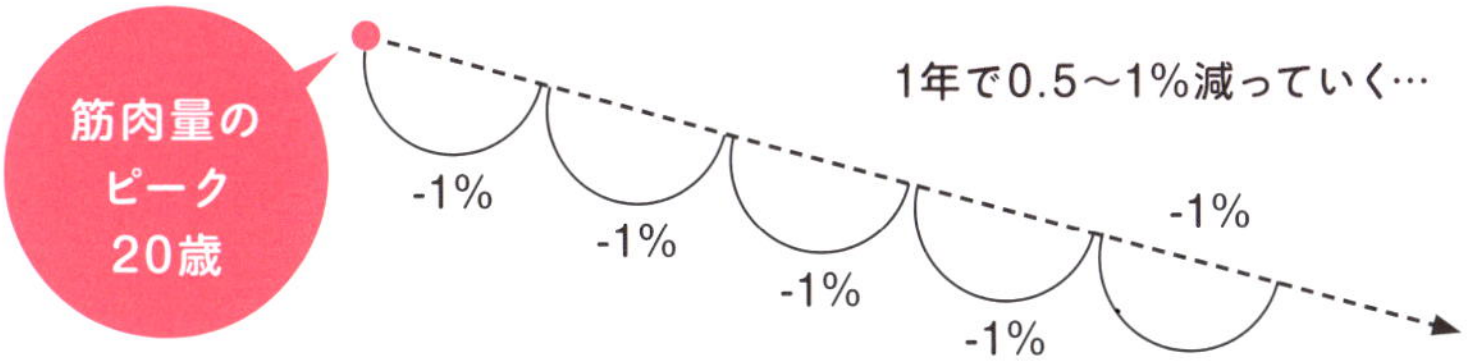
筋肉量のピーク 20歳
1年で0.5〜1%減っていく…
-1%
-1%
-1%
-1%
-1%

若々しさを保つには筋トレでの筋肉獲得が必要！

体を引き締めるために鍛えるべきはとにかく下半身

体全体の筋肉の70%を占める下半身が最優先

筋肉を鍛えることは、健康を保ち老化を防ぐためにも、見た目を若々しくするためにも必要不可欠です。筋肉は体を支えて動かすので、筋肉があれば関節が保護され、自由に体を動かすことができ、疲れにくくなります。また、筋肉には体脂肪をエネルギー源として熱を発生し、体温を保つ働きもあります。**つまり、筋肉を鍛えることによってエネルギー消費が増え、自然と体脂肪が使われる体質に変えることができるのです。**食事制限よりも優先すべきは筋肉量を増やすことです。

とはいえ、全身の筋肉を一気に鍛えるのは大変そうだし、筋トレの種類がたくさんあり過ぎて、何から手をつけるべきか迷うことでしょう。

ずばりいってしまうと、**まず鍛えるべきは下半身です。体全体の筋肉の約60〜70%が、下半身に集中しているからです。**二本足で立って上半身の重みを支え、姿勢を保ちながら活動するために、必然的に下半身には大きくて強い筋肉がたくさん集まっているのです。

ところが、下半身の筋肉は、強いがゆえに衰えやすいという弱点があります。「老化は足腰から」とよくいわれますが、特に座る時間が長く、歩く時間の少ない現代人は、年齢とともに顕著に下半身の筋肉が衰えやすくなります。下半身を鍛えれば、体型を整えるだけでなく、体力を底上げし、疲れにくい体にもなります。

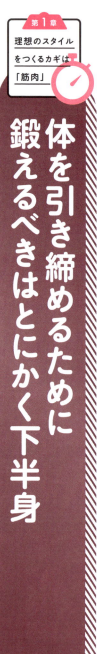

最優先すべきは下半身の筋肉

二本足で立って上半身の重みを支えているので、
下半身には大きくて強い筋肉が集まっている。

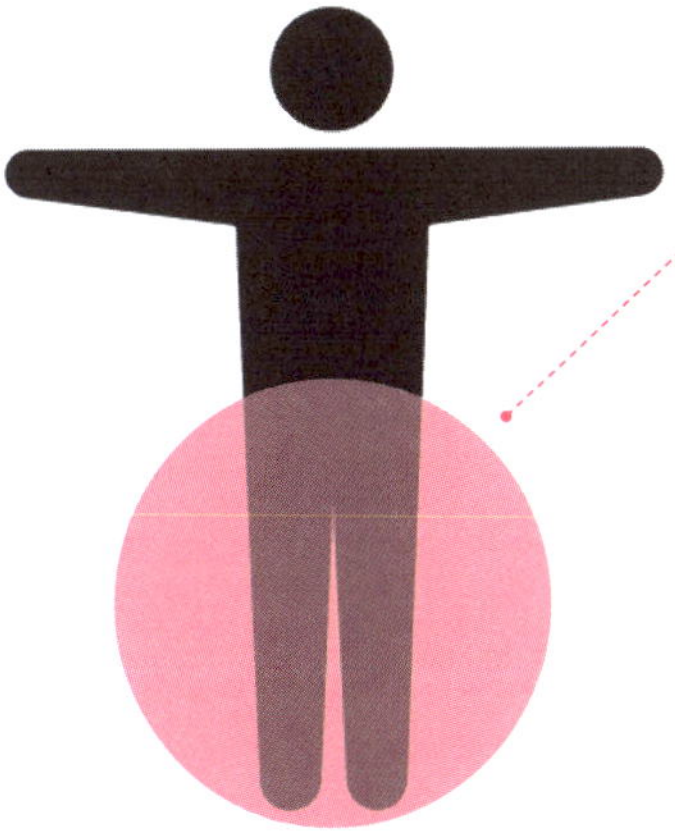

体全体の筋肉の
60～70%が下半身に集中

下半身のおもな筋肉

- □ 大臀筋（お尻）
- □ 中臀筋（お尻の横）
- □ 大腿四頭筋（太もも前側）
- □ ハムストリングス（太もも後ろ側）
- □ 下腿三頭筋（ふくらはぎ）

下半身の筋肉は衰えやすい

現代人はデスクワークなどで座りっぱなしが多く運動不足で衰えやすい。

下半身を
鍛えると…

- ▶ 体力と代謝がアップ
- ▶ 太りにくい体質になる
- ▶ 疲れにくくなる

下半身の筋トレは健康的に痩せる効果あり

「筋トレしちゃうと太くなる」という心配はしなくていい

筋肉ムキムキになるのは相当ハードルが高い！

一生懸命に筋トレに励むと、筋肉がつき過ぎてムキムキ体型になってしまうのではないか、競輪選手のように脚が太くなるのではないかと心配する声が、特に女性から聞かれることがあります。

でも、その心配はしなくてＯＫです。競輪選手などの体型は、自分の体重より重いバーベルを上げ下げしたり、全力で走り込んだりなどハードメニューのトレーニングを大量にこなし、同時に大量の食事を摂ることで培われたもの。ですから、**一般の人に推奨されるトレーニングのメニューで、アスリートと同等の筋肉をつけることは不可能です。**

これまでお話した通り、太ってしまうのは筋肉が減って代謝が下がり、その結果体脂肪が増えることが原因です。ですから、逆に筋肉を鍛えることで減ってしまった筋肉量を取り戻せば、自ずと体脂肪は減っていきます。

体脂肪を減らすペースを上げるために食事制限をすると、筋肉の減少が加速してしまうので、必ず筋トレを並行してください。そうすれば筋肉を維持しながら体脂肪だけを減らすことができます。

アスリートボディを目標に掲げるのも、もちろんすばらしいこと。ただし、アスリートはせいぜい30代までが勝負ですが、健康も美容も一生もの、つまりスポーツとは別ものです。一生見た目も機能も若々しい体でいたいなら、無理は禁物です。

筋トレしちゃうと脚が太くなる？

ムキムキ体型
心配……

**大丈夫、
なりません！**

体がムキムキになるのは

非常に重い負荷をかけたトレーニングをし、大量の食事を摂った場合。

本書のトレーニングならスポーツ選手のような太すぎる腕や脚にはならない。

心配せず筋トレしよう！

私たちの理想の筋トレは？

若い頃の引き締まった体型を取り戻すこと！

筋肉を鍛えて取り戻す

余分な体脂肪だけを減らす

**この2つを行うことが
理想の体型への道**

筋肉のつき方のバランスは男女で異なる

筋肉のつき方を知って効果的な筋トレを！

筋肉を鍛えるといっても、そもそも自分の体のどこにどんな筋肉があるのかを知っている人は少ないのではないでしょうか。あとで詳しく述べますが、人の全身には、細かいものまでカウントすると４００もの筋肉があります。すべての筋肉について知らなくても問題ありません。理想の体を手に入れるために鍛えるのは10種類程度の筋肉でよいのです。

見た目でもわかるように、男性と女性では筋肉量のバランスが違います。全身の筋肉量を１００とすると、男性は腕や肩など上半身に約25％、体幹に約15％、下半身に約60％の筋肉がついています。**女性の場合は、上半身に約15％、体幹に約15％、下半身に約70％**です。女性は下半身に筋肉が多いため、加齢や運動不足で下半身の筋肉量が減ると、男性以上に太りやすいのです。

効率よく体型を整えるには、衰えやすい筋肉から鍛えるべきです。男女ともに最も衰えやすいのは下半身、次に減りやすいのは体幹、特に背すじです。ここを鍛えるだけでも、目に見えて若々しいシルエットに変わります。

女性の場合はもともと上半身の筋肉が少なく、あまり減りませんので、上半身は割愛しても構いません。男性の場合は筋肉量が多い部分ですし、男性らしいたくましさを演出するためにも上半身も鍛えましょう。

筋肉量のバランスと鍛える部位は男女で異なる

筋肉量100とした割合

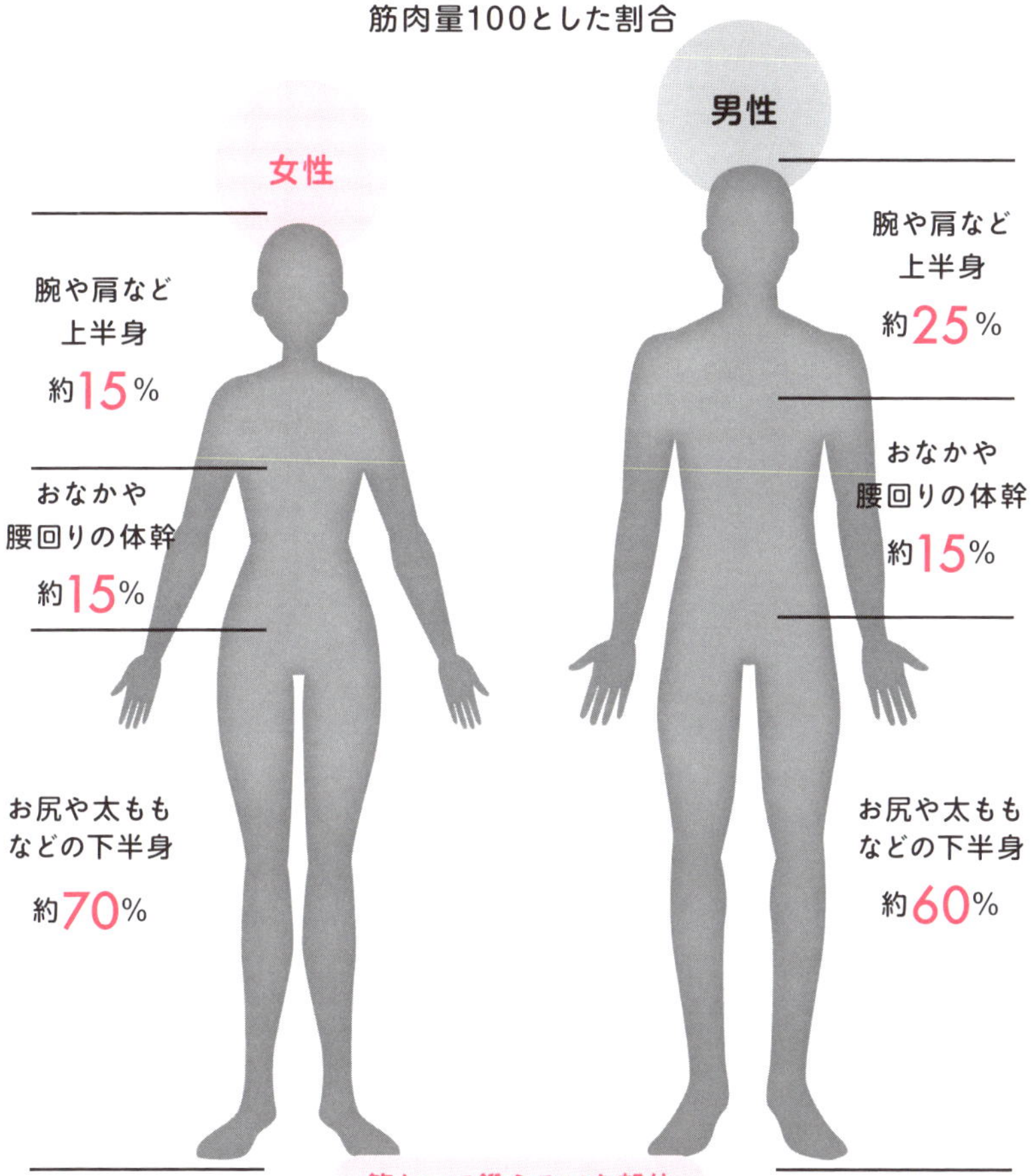

筋トレで鍛えるべき部位

男女ともに

- ☐ 最も減りやすい下半身の筋肉
- ☐ 次に減りやすい体幹の筋肉

男女別

- ☐ 女性は上半身の種目を割愛可
- ☐ 男性は上半身の種目が不可欠

筋肉のつき方を理解し、効率よくよい筋トレを！

全身の筋肉と鍛えるべき優先順位

全身にある４００もの筋肉をすべて鍛える必要はありません。整った体型を得るために鍛えるべき優先順位の高い筋肉のみ知っておきましょう。

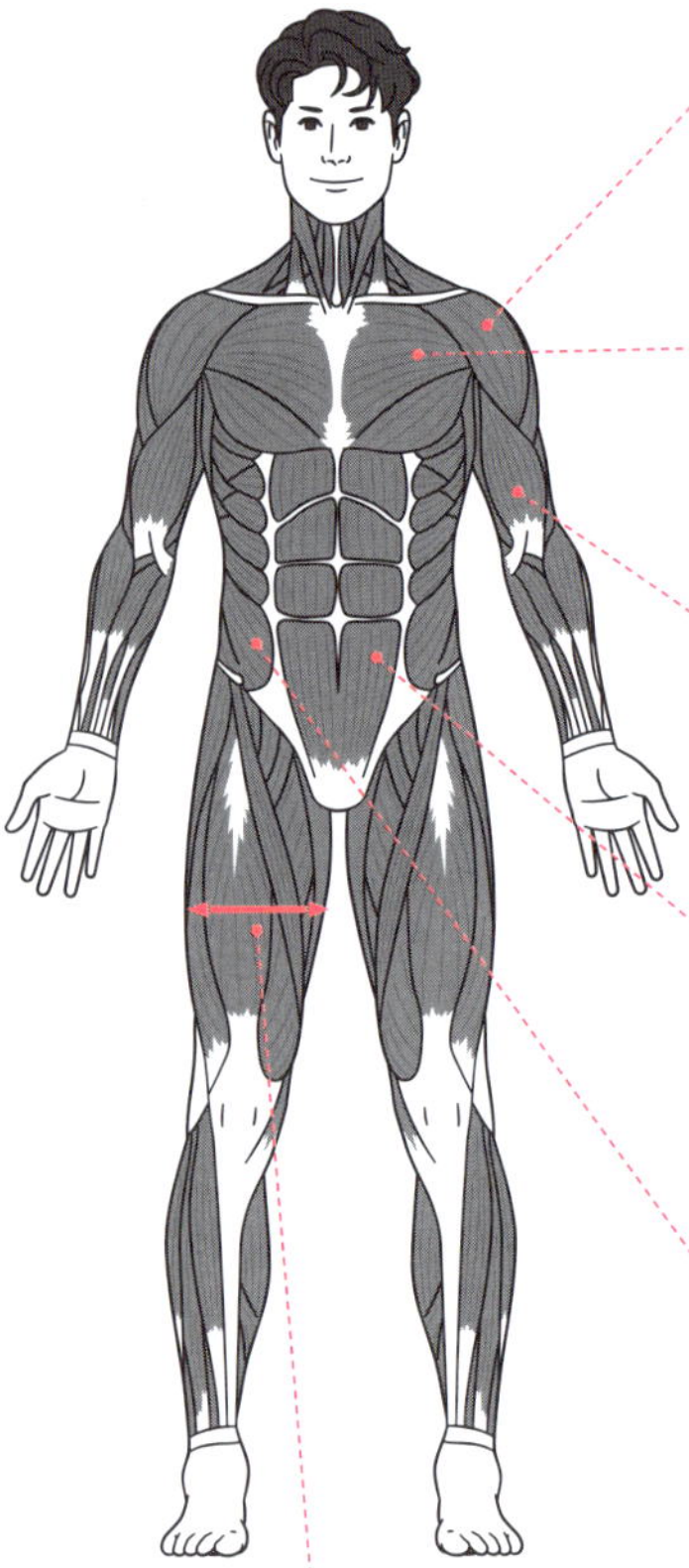

三角筋《さんかくきん》

左右の肩を肩パッドのように覆って、肩を自在に動かす筋肉。

大胸筋《だいきょうきん》

体の正面に左右一対で扇形に広がってつく筋肉で、腕を前方に出す。

上腕《じょうわん》二《に》頭筋《とうきん》

上腕前側についた、肘を曲げる働きをする筋肉。

腹直筋《ふくちょくきん》

おなかの正面にある。肋骨と骨盤をつないで縦に走り、背骨を屈曲する働きがある筋肉。

腹斜筋群《ふくしゃきんぐん》

脇腹にある外側の外腹斜筋と内側の内腹斜筋の総称で、体幹をひねるときに同時に働く。

大腿《だいたい》四《し》頭筋《とうきん》

大腿前側の膝を伸ばす筋肉、大腿直筋、外側広筋、内側広筋、中間広筋の4つの筋肉の総称。大腿直筋はさらに股関節を曲げる働きをする。

女性

1 大腿四頭筋 ➡ トレーニング実践 P.80
2 脊柱起立筋 ➡ トレーニング実践 P.84
3 腹直筋、腹斜筋 ➡ トレーニング実践 P.86

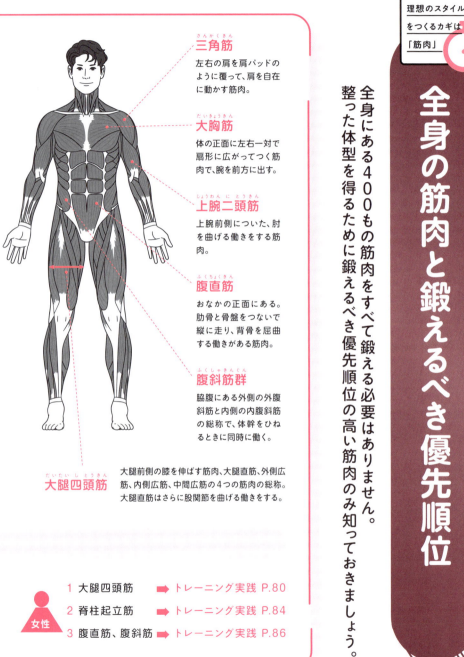

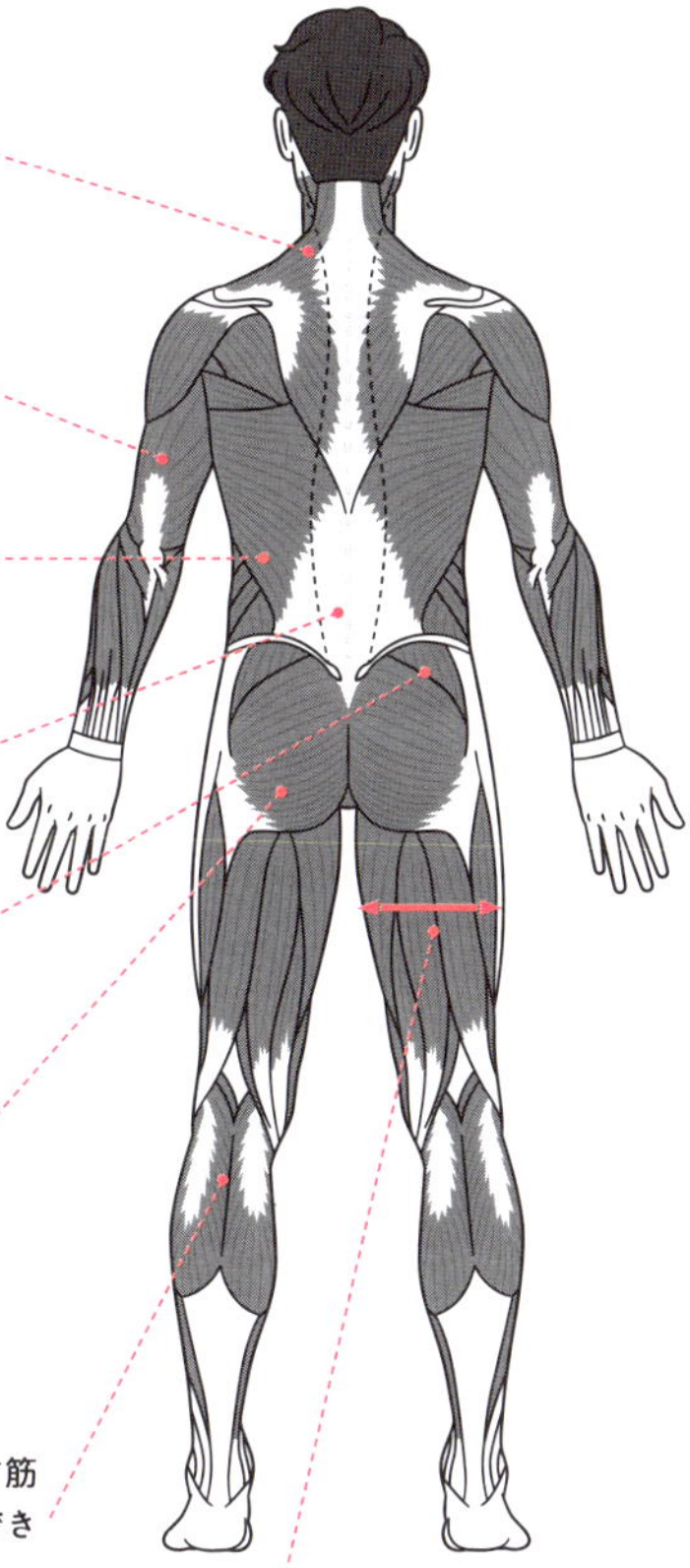

僧帽筋《そうぼうきん》
首すじから肩と上背部に向かって菱形に広がり、肩甲骨を寄せたり引き上げたりする筋肉。

上腕三頭筋《じょうわんさんとうきん》
上腕の後ろ側にあり、肘を伸ばす働きをする筋肉。

広背筋《こうはいきん》
背骨と骨盤から上腕の骨に向かってV字形に広がり、腕を引き下げたり後ろに引き寄せたりする筋肉。

脊柱起立筋《せきちゅうきりつきん》
背骨と平行に走る3つの筋肉の総称。強化すると姿勢が改善する。

中臀筋《ちゅうでんきん》
骨盤と大腿の骨をつなぎ、歩行中などに骨盤を支える働きをする。

大臀筋《だいでんきん》
骨盤と大腿の骨をつなぐ筋肉で、お尻の形をつくり股関節を伸ばす働きをする。

下腿三頭筋《かたいさんとうきん》
ふくらはぎのふくらみをつくる、足首を伸ばす筋肉で、表層の腓腹筋と深層のヒラメ筋からできている。腓腹筋は膝関節を曲げる働きもある。

ハムストリングス
太ももの後ろ側にある大腿二頭筋、半腱様筋、半膜様筋の3つの筋肉の総称。膝関節を曲げ、股関節を伸ばす働きをする。

男女別 鍛える筋肉の優先順位（＝筋肉の大きい順）

男性

1 大腿四頭筋 ➡ トレーニング実践 P.80
2 脊柱起立筋 ➡ トレーニング実践 P.84
3 大胸筋 ➡ トレーニング実践 P.88

筋肉が1kgつくと10歳若返る

筋肉の減少は、見た目だけではない加齢につながる

筋トレは、体の内側から若さと健康をキープする効果が大きいことにも注目です。筋肉の衰えは、日常生活でも実感できますが、体の内側の健康面も、気づかないうちに確実に衰えていきます。日本は今や世界有数の長寿国ですが、**平均寿命よりも健康寿命（介護が必要なく自立した日常生活を送ることができる寿命）が男性では約9年、女性では約12年も短い**ことが問題となっています。

この最大の原因は運動器といわれる、筋肉、関節、骨の衰えです。筋肉が減ると体を支えたり動かしたりする能力が顕著に低下します。関節は鍛えることができない、いわば消耗品ですが、筋肉は関節を保護する役目もあるので、筋肉の衰えは関節の消耗を加速してしまいます。

骨は加齢とともに、骨をつくる骨《こ》芽《が》細胞より分解する破骨細胞の働きが強くなり、骨量が減ります。**筋トレは、骨に刺激を与えて骨芽細胞の働きを活発にし、成長ホルモンの分泌を促すことで骨量を増やし、骨粗しょう症を防ぐ**働きもあります。

筋トレは認知機能とも深い関わりがあります。**正しい動き、動作スピードや呼吸法などを理解、記憶して1つ1つ確認しながら体を動かすことが、脳の刺激になります。筋肉は10年で1kg程度減っていくので、逆にいうと1kgつけると10歳若返る**といえます。筋トレは早く始めて長く続けるほど、より効果が期待できるのです。

健康寿命は思っているより短い

健康寿命は、介護が必要なく自立した日常生活に制限のない期間。
生活に制限がある期間が女性では約12年、男性では約9年もある。

日本人の平均寿命と健康寿命

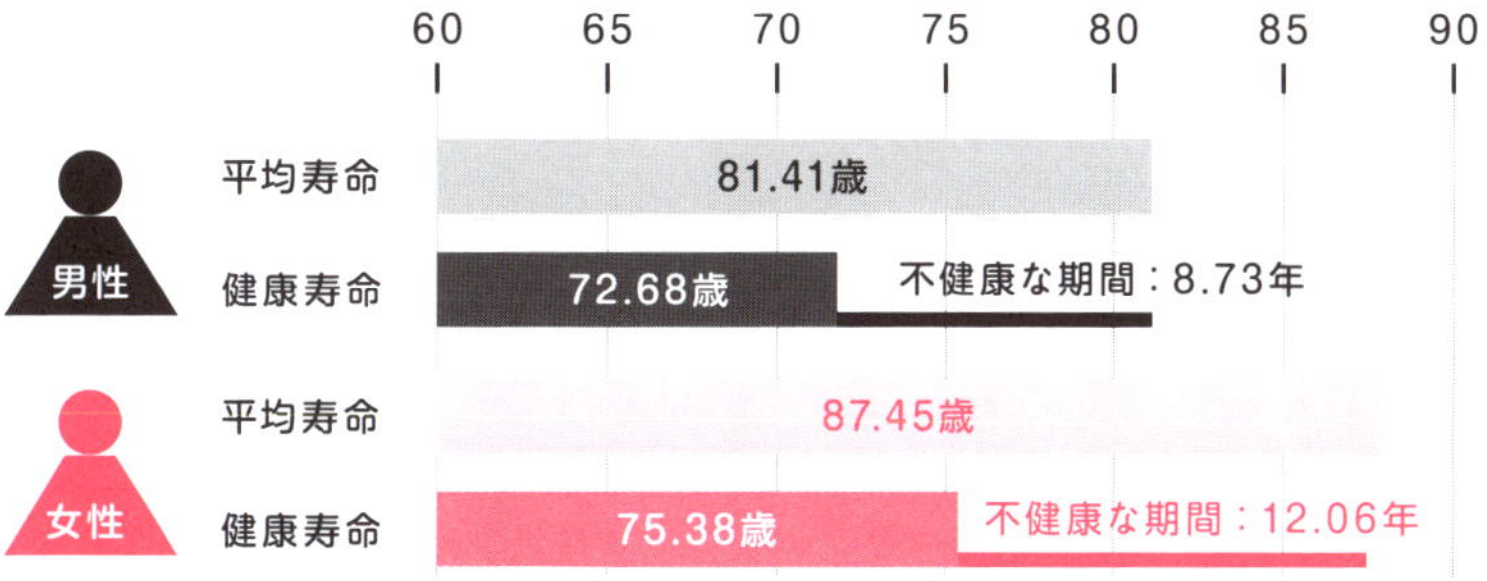
60
65
70
75
80
85
90
男性
平均寿命
81.41歳
健康寿命
72.68歳
不健康な期間：8.73年
女性
平均寿命
87.45歳
健康寿命
75.38歳
不健康な期間：12.06年

出典：厚生労働省「第16回健康日本21（第二次）推進専門委員会資料」（令和3年12月）

筋トレで健康で若々しい生活を

筋トレの健康効果の例

骨を丈夫にする

- 筋トレで骨に刺激や圧力がかかることにより丈夫になる
- 筋トレによって分泌される成長ホルモンは骨の成長を助ける

骨粗しょう症を防ぐ

認知機能を刺激する

- 正しい動きや呼吸法などを理解、記憶し考えながらトレーニングすると脳が刺激される

認知機能を高める

筋トレを早く始めて長く続けるほど若さを保つ効果がある！

筋肉は何歳からでも増やすことができる

筋トレを始めるのに遅すぎる年齢はない

たとえば自動車運転免許などを新しく習得するのに、中高年は若いときよりも努力を要し時間もかかるため、あきらめてしまう人もいるようです。同じ理由で、今さら筋トレをしてもムダなのでは？ と思う人もいるかもしれません。

でも、**筋トレは何歳から始めても遅すぎることはありません。**正しいフォームで適切な負荷をかければ、筋肉は確実に太く強く成長します。実際、**80代の高齢者でも、効果があることがわかっています。**筋肉は、体全体で最も新陳代謝が活発な組織です。適度な刺激を与えることで、細くなってしまった筋肉が目覚めて成長を始めるのです。

ただし、高齢者の場合は関節や骨などの老化が進み、機能が低下している可能性があります。特に関節や骨は筋肉と比べて機能の回復が難しいため、関節に障害や痛みがある場合は、筋トレを始める前に必ずかかりつけの医師に相談してください。また、年齢は若くても運動からしばらく遠ざかっていた人は、本書で紹介するトレーニングをすべて行うのではなく、1種目1セットから始めて、徐々に体と心を慣らしていきましょう。

筋トレは、早く始めるのに越したことはありません。筋肉の強化は、筋肉の維持より2倍の努力が必要で、放置するほど必要な筋肉量とのギャップが大きくなります。先送りをせず、早めに取り組むのが賢い選択です。

何歳からでも鍛えられる

高齢者の運動効果

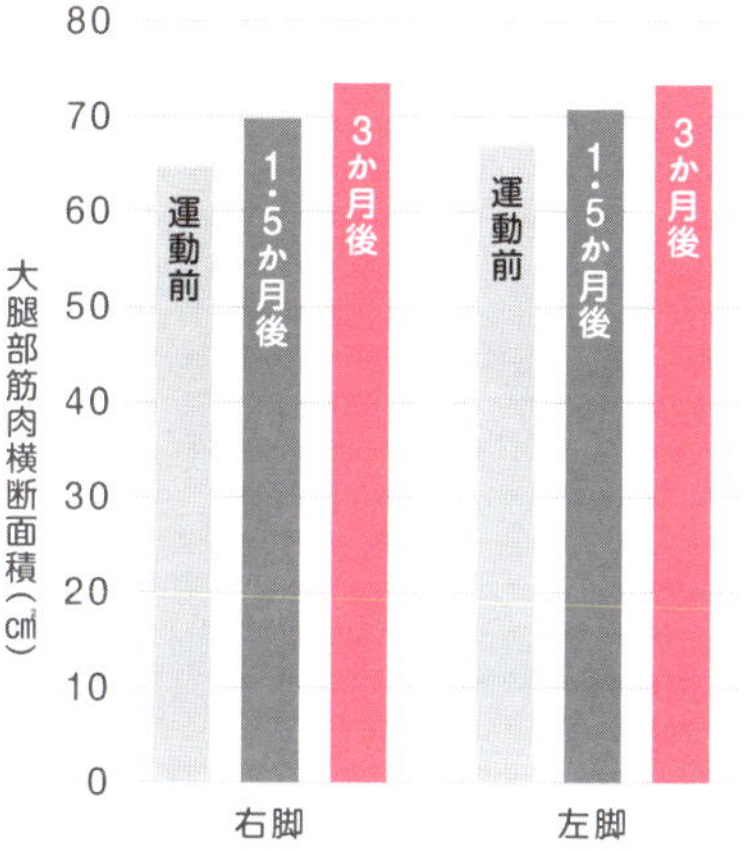
80
70
60
50
40
30
20
10
0
大腿部筋肉横断面積（㎠）
運動前
1.5か月後
3か月後
右脚
左脚

60〜72歳の人が脚の高負荷トレーニングを週3回行った結果、3か月後に脚の筋肉が平均11%肥大した。80歳以上の人の実験でも筋肥大は起こるという報告も多くある。

出典：Frontera WR, Meredith CN, et al: Strength conditioning in older men: skeletal muscle hypertrophy and improved function. J Appl Physiol, 1988; 64: 1038-1044

筋肉は新陳代謝が活発

適度な刺激を与える

↓

細くなった筋肉が目覚める

↓

成長を始める！

高齢者でも
筋トレの効果あり！

始める前に医師に相談すると安心

高齢者は関節や骨などの健康を損ねる可能性がある。

筋トレを
始めたいです

心身を少しずつ
慣らしていく

↓

高齢者でなくても、久しぶりに運動をする人は、1種目1セットから始めよう。

正しく筋肉をつければ勝手に痩せていく体になる

痩せたいなら筋肉を鍛えて増やすことが最も効果的

私たちは生きている限り、動かない間でもエネルギーを消費しています。最低限の消費エネルギーを基礎代謝といい、1日に消費するエネルギーの約60%に達します。筋肉が消費するエネルギーは基礎代謝の20~30%を占めています。

くり返しになりますが、**筋肉は何もしなければ加齢とともに減り続けます。**食べる量（摂取カロリー）が変わらなくても消費カロリーが減ることになり、**エネルギー収支が黒字になって、余った分が体脂肪に変わり、必然的に太っていきます。**いわゆる中年太りは、筋肉が減って基礎代謝が落ちることが最大の原因なのです。逆に食事量を減らさなくても、**筋肉を1kg増やせば消費カロリーが増えて、年に2・5kgも体脂肪が減る**計算になります。

また、余分なエネルギーは体脂肪として蓄えられますが、体脂肪には皮下脂肪と内臓脂肪の2種類あります。皮下脂肪はたまりにくく減りにくい、内臓脂肪はたまりやすく減りやすいという特徴があります。太るとおなかが顕著にふくらみ、逆に痩せるときにはおなかが目に見えて凹んでいくのはこのためです。

よくおなかの脂肪を減らそうと運動に励む人がいますが、これは無意味。下半身をはじめ全身の大きな筋肉を鍛えて代謝を上げ、体脂肪を減らしましょう。

何もしないと筋肉量は減る

筋トレをしないと

摂取カロリーが変わらなくても
消費カロリーが減る

↓

消費されないエネルギーが
体脂肪に変わる

筋肉が減って基礎代謝が落ち、
中年太りに …

筋トレをすると

筋肉を1kg増やすと
消費カロリーが増える

↓

年に2.5kgも
体脂肪が減る計算に

食事量を減らさなくても
太らない！

年齢と筋肉減少量

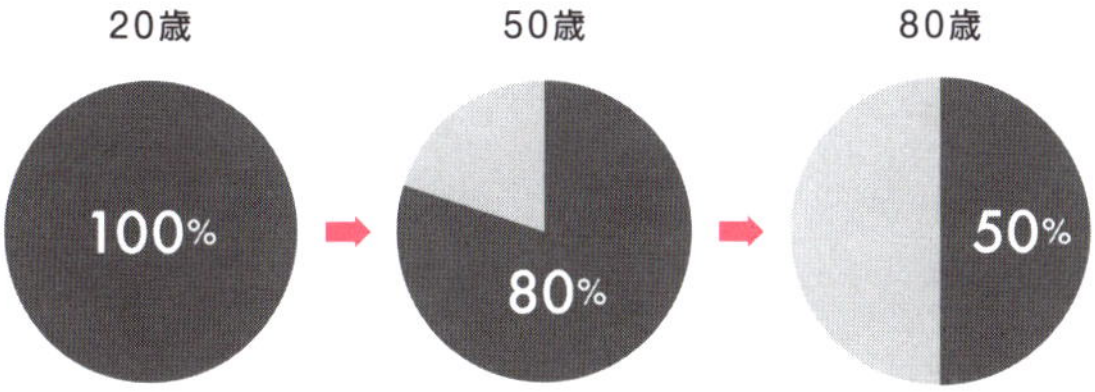

加齢による筋肉量の減少は個人差もあるが、20歳のときを100%とすると、何もしなければ50歳では80%程度、80歳では50%程度まで減少する。

筋トレをすると体脂肪が燃える体質になる

内臓脂肪 ➡ 先に減り始める
皮下脂肪 ➡ ゆっくり減り始める

一部の筋肉だけを
鍛えるのではなく、
全身を鍛える！

正しく筋肉をつければ、
勝手に痩せていく！

筋肉がつくと血行がよくなり健康的な肌ツヤに

筋トレは美肌の土台をつくる効果がある

見た目の魅力には体型のほかにスラッと伸びた姿勢、健康的で整った肌があり、筋トレには、それらも手に入れるという見逃せない効果があります。体の内側から問題を改善できるからです。

姿勢が前かがみの猫背になると、横隔膜の位置が下がるため腹部内のスペースが狭くなり、腹部内にある臓器に圧力がかかってきます。その結果、大腸で内容物を押し出す「ぜん動運動」とよばれる動きが鈍くなります。すると、便通が悪くなり、腸内環境が悪化して肌荒れの原因になります。

このとき、胸部スペースも圧迫により呼吸が浅くなります。酸素不足を補うために交感神経が刺激され、アドレナリン（66ページ）というホルモンが作用した結果、皮下の血管が収縮して血流を妨げます。肌に血液が行き届かなくなると、**肌のターンオーバー（新陳代謝）が乱れて肌トラブルが起こりやすくなります。**

本書で紹介する筋トレやストレッチでは、正しい姿勢とそれに基づいた正しいフォームを最優先しているため、継続することで姿勢が整い、腸内環境と血行の改善につながります。

フォームをないがしろにして重さや回数を追求する筋トレは、姿勢の悪化につながります。また**顔をしかめたり息が止まったりするほど激しいトレーニングは表情シワを増やし、血管にダメージを与えるので健康上も美容上も逆効果です。**

姿勢が悪いと便秘や酸素不足に!?

猫背になると
横隔膜が下がって
胸や内臓を圧迫

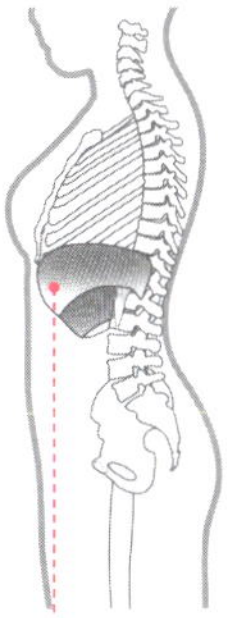

横隔膜

大腸がうまく
動かなくなり
便秘の原因になる

肺も圧迫されて
呼吸が浅くなり
酸素不足に

便秘や酸素不足は
肌トラブルの原因にもなる

美肌を目指すなら正しい姿勢に

正しい姿勢を手に入れると…

↓

腸の健康／血行の改善

↓

健康的な肌ツヤに！

筋トレで体温が上がると免疫力が超アップ

冷えを克服して免疫機能を高める

「エアコンが効いたオフィスや電車がつらい」と冷え性に悩む人が、特に女性に多く見受けられます。体内で発熱装置の役割を担っているのは筋肉です。**女性は一般的に男性と比べると筋肉量が少ないため体温が低く、同じ気温や室温でも体感的に寒いと感じやすい**のです。

　そのかわり、女性は体を覆って保温する体脂肪が多いのですが、現代の若い女性は体脂肪が少ない傾向にあり、夏でも寒いと感じることがよくあります。一方、男性は中年になると体脂肪が増えて熱がこもりやすい傾向にあり、それがオフィスでエアコンの温度を巡る争いのもとになるようです。しかし男性も加齢とともに筋肉量が減り、次第に冷えを感じるようになります。

冷えは免疫力と深く関係しています。熱は血液によって体内で運ばれますが、冷えると熱を外に逃がさないように全身の血管が縮んで細くなります。血液中には免疫機能を守る白血球があり、体内に侵入したウイルスなどを発見すると集まって無毒化します。ところが、**冷えて血流が悪くなると白血球の流れも妨げられる**ことになり、そのために免疫力が下がってしまうのです。

　筋トレには、年齢や男女の違いは関係なく**代謝を上げて体の冷えを予防するとともに、血流を増やして免疫力をアップする抜群の効果**も期待できます。

冷えを感じるのは筋肉が少ないから

男女で異なる冷えの理由

女性

比較的筋肉が少なく
もともと体温が低い

痩せ気味で
体脂肪が少ない人は
寒く感じる

男性

比較的筋肉が多く
体温が高い

加齢とともに
筋肉が減って
冷えやすくなる

冷えは免疫力低下につながる

冷えると血流が悪くなる

↓

血流が悪いと免疫機能を担う
白血球の流れが悪くなる

→

免疫低下は
病気や
体調不良の
原因に…

免疫力が下がる

筋トレで体温を上げて健康に

筋トレは
代謝を上げて
体の冷えを予防し、
免疫力を
アップする！

病気を寄せつけず健康！

筋トレをしている人が魅力的に見える理由

テストステロンの分泌を助けてやる気を高める

トレーニングをしている人やスポーツをしている人が魅力的に見えることはないでしょうか。引き締まった体やがんばる姿を見て、ということもあるかと思いますが、これには「テストステロン」というホルモンの効果も大きく関係しています。

テストステロンは男性ホルモンの一種で、筋肉量や骨量を増やす働きがあります。女性にも少量分泌されていますが、男性に圧倒的に多く分泌されているため、男性のほうが女性よりも筋肉量も骨量も増えやすいのです。

テストステロンは筋肉や骨の成長を助けるだけでなく、やる気や性機能などを高める働きが知られています。ところが男性の場合、テストステロンは20代をピークに分泌量が減っていき、中高年になると意欲の低下やうつ状態、疲れやすいなどの症状があらわれます。俗にいう男性更年期です。

筋トレには、テストステロンの分泌を増やす効果があります。加齢によるテストステロンの減少を補って筋肉を増やし、やる気を高め、更年期の症状を改善することが期待できます。

逆に女性の場合、肌の潤いやきめ細かさなど女性らしさを担っているのは女性ホルモンです。誤った食事制限で体脂肪を減らし過ぎると女性ホルモンの分泌量が減ったり、バランスが崩れて月経不順など心身の不調をきたします。本書で紹介する方法で、正しくボディメイクしましょう。

ホルモン「テストステロン」がやる気を高める

テストステロン　体の組織を合成するホルモンの一種で、筋肉や骨の成長を助ける。男性ホルモンの一種なので男性のほうが多く分泌される。女性よりも男性に筋肉がつきやすいはのこのため。

筋トレはテストステロンを増やしてくれる

テストステロンが加齢により減少すると、意欲の低下、うつ状態などの症状があらわれる。

筋トレをすると
テストステロンの減少をおさえてやる気を高める！

筋トレで
体も心も魅力アップ！

間違ったトレーニングをすると変なスタイルになって老化が進む

正しい方法でなければ、しないほうがマシ

健康やダイエット、老化防止の意識が高まり、性別や年齢を問わず筋トレをする人が増えてきました。ＳＮＳや動画共有サービスには、ボディメイクに関する情報もあふれています。しかし、残念なことにそれらの情報が運動生理学や解剖学に基づいた正しいものとは限りません。

やみくもに筋トレをしても、効果は期待できません。かえって体にマイナスの効果を及ぼすことさえあります。ネット上には高評価や再生回数を稼ぐためにインパクト重視で、心身に過度のストレスをかけるものが少なくないのです。

ネットにアップされた激しい運動に取り組めば、一時的な達成感を得られるかもしれません。でも、歯を食いしばって運動をすると、健康に欠かせない歯の摩耗が加速しますし、あごの筋肉と骨が発達して顔が四角くなってしまいます。苦痛で表情がゆがむことで、顔や目尻などに少しずつシワが刻まれていきます。息を止めるほどに血圧が上がって血管の老化までも進みます。さらに間違ったフォームで筋トレを続ければ、姿勢の老化を早めて、むしろ老け見えするようになってしまいます。

筋トレは、正しい方法と正しいフォームで行うことが重要です。それによって、最小限の努力で最大限の効果を得ることができ、同時に見た目も中身も若々しさを獲得することもできるのです。

自己流の筋トレはやらないほうがマシ

知識が曖昧な筋トレは、
効果がないどころか体を痛めることもある

間違った筋トレでこんなことに

無理な運動は歯に負担がかかり、**歯の寿命を縮める**ことも…

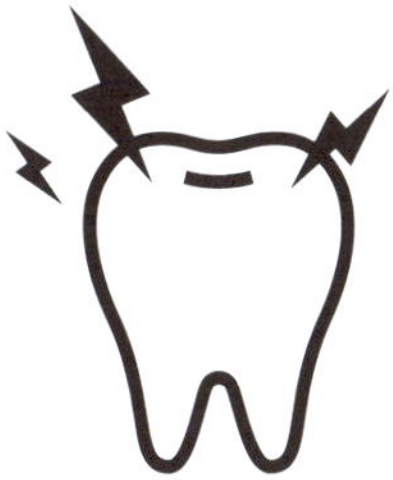

つらい筋トレで表情がゆがみ、**シワができる**ことも…

間違ったフォームでは、**姿勢が崩れて老け見えする**ことも…

筋トレは、正しい方法と正しいフォームで行うことが重要！

一生歩ける足腰、まっすぐな背すじも筋肉をつければ手に入る

姿勢の悪化が老化を早め日常生活に支障をきたす

見た目を気にしない人でも筋トレは必要です。誰でも年を取り、筋肉は衰えていくからです。**筋肉を鍛えておかないと、いずれ健康で自立した生活が送れなくなる可能性がある**のです。

高齢者と若者とを比べると、明らかに違うのは姿勢です。膝が曲がり、O脚になり、背中全体が丸まった高齢者特有の姿勢は、筋肉を使わず骨や関節などに頼る楽な姿勢なのです。その姿勢を長期間続けていると骨や関節に無理がかかり、変形を引き起こしてしまいます。典型は変形性膝関節症や腰椎圧迫骨折です。骨や関節の変形が起こってからでは、トレーニングでの修復が不可能となり医療の分野です。そうなる前に正しい方法で**筋肉を鍛えて姿勢を修正し、まっすぐな脚と背すじをキープしたい**ものです。

また、骨や関節が変形して運動機能が衰えてしまうと、日常生活にも影響が出てきます。骨や関節などの運動器の衰えで運動機能が低下した状態を「ロコモティブ・シンドローム（ロコモ）」とよびます。健康寿命（介護が必要なく自立した日常生活を送ることができる寿命）を短くする最大の原因は、自立度の低下です。**40歳以降の5人に4人は、筋トレをしないと将来動けなくなる**ともいわれています。筋トレで運動機能を強化することで、ロコモを防いで健康寿命をのばすことができるのです。

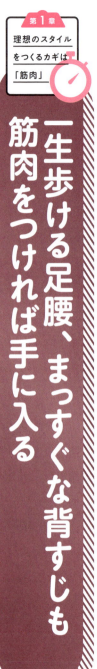

見た目を気にしなくても筋トレは必要

筋肉を鍛えておかないと、
年を取ってから健康な生活が送れなくなる可能性がある。

崩れた姿勢は
加齢だけが理由じゃない

骨や関節の変形が起こってからでは、
トレーニングでは修復不可能となる。

病院のお世話に
ならなければ
いけなくなる…

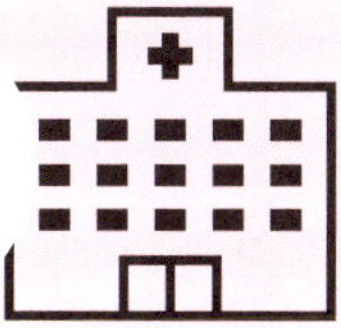

筋肉を使わず骨や
関節などに頼ると楽だから

トレーニングで姿勢を修正し、
若々しさを獲得しよう

姿勢の悪化は骨と関節の変形を招く

骨や関節が変形すると修正が難しく、
日常生活にも影響が出てくる。

要支援・要介護に至った原因

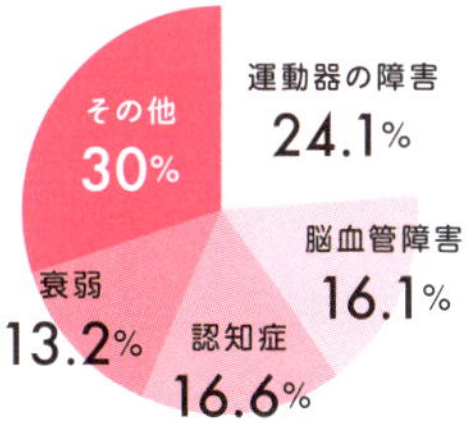
その他
30%
運動器の障害
24.1%
脳血管障害
16.1%
認知症
16.6%
衰弱
13.2%

出典：厚労省『令和４年国民生活基礎調査』より

40歳以降の5人に４人は、筋トレをしないと将来動けなくなるともいわれている。

筋トレで運動機能を強化すれば、健康寿命をのばせる

COLUMN

O脚は「脚」で直す!

男女を問わず、O脚を気にしている人も多いのでは？O脚とは、左右のくるぶしをつけて立ったときに両膝の間に広い隙間ができる状態をいいます。O脚だと脚が短く見えるだけでなく、猫背や巻き肩、ストレートネックなどの不良姿勢を招いて、肩や腰のコリや疲労も招きます。また膝関節や腰の関節、骨が変形する大きな原因にも。

脚を閉じてまっすぐ立ったときに、膝の間に指が3本以上入るとO脚といわれます。でも、理想は膝の間に隙間がないこと。指が1～2本入るのも徐々にO脚になりつつある状態といえます。膝の骨や関節に痛みが出たり変形してしまったりする前に、できるだけ早期に修正することが肝心です。

やるべきことは3つだけ。1つはつま先（人差し指）を前に向けること。2つ目は脚と脚の幅をできるだけ狭くすること。3つ目は脚の親指側（内側）を意識すること。この3点に留意して立ち、歩くことを心がけるだけで、O脚は少しずつ改善していきます。

第2章

知っておきたい筋肉のキホンとギモン

そもそも筋肉ってどんなもの？

美と健康、若さの秘訣は高出力の「速筋」

「筋肉」とは一般に、関節をまたいで骨に付着した「骨格筋」をさします。心筋や内臓筋などの不随意筋と違い、**骨格筋は自分の意思で動かせる筋肉です。それゆえ、その人のスタイルや姿勢、健康状態までも左右する組織といえます。**

骨格筋を構成する細長い筋線維には「速筋線維」と「遅筋線維」の2つのタイプがあります。実は速筋と遅筋の収縮速度に違いはなく、異なるのは発揮できる力の大きさとその持続性。速筋は出力が大きく持久性に乏しい線維で、強度の高い運動をするときに働きます。一方、持久性に優れるものの出力が小さい遅筋は、低強度の運動だけでなく、姿勢を支えたり、歩くときなど日常の動作の中で常に働いています。

日頃使う機会が少ない速筋ですが、その役割は絶大。体に必要な「熱」を多く生み出すためにたくさんの糖や脂肪を使ってくれます。美と健康を保つためには欠かせない存在といっていいでしょう。人は高齢になるほどエネルギーを使わない体質になりますが**速筋を鍛え続ければ加齢に逆らって痩せやすい体質に変わることが**できます。

遅筋は日常の生活で使われるためにほとんど減りませんが、速筋は普通に生活をしていると年々減少して、体力と代謝を低下させ、それが肥満や生活習慣病予防、ロコモティブ・シンドローム（42ページ）の原因となります。

トレーニングで鍛えられる骨格筋の基本

人体を構成する筋肉は多種多様。
トレーニングで鍛えられるのは関節をまたいで骨につき、
体を動かす働きを持つ骨格筋。

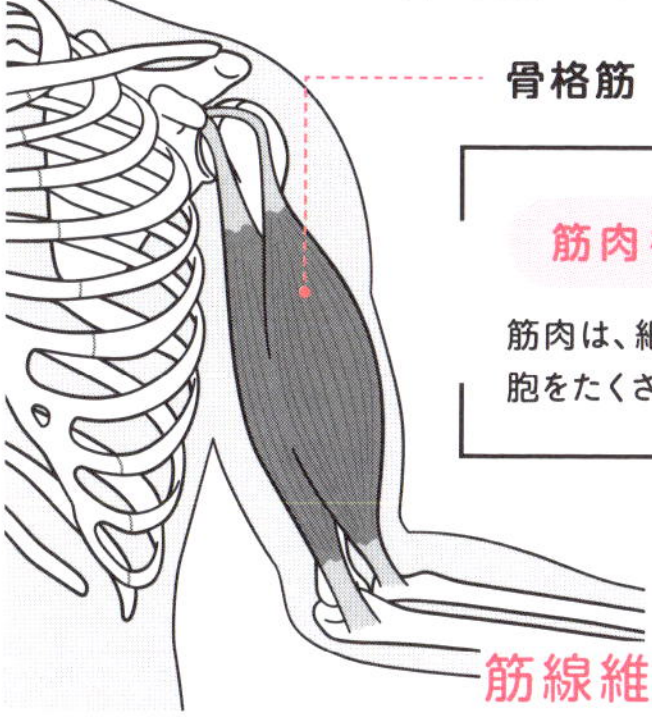
骨格筋

筋肉をつくる筋線維

筋肉は、細長い筋線維という細胞をたくさん束ねてできている。

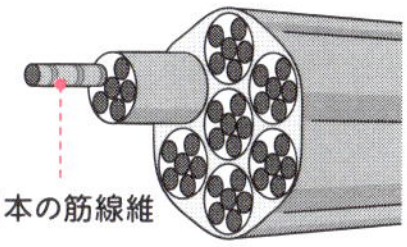
1本の筋線維

筋線維には、速筋線維と遅筋線維がある

トレーニングで増やせるのは速筋!

速筋

筋肉が白っぽく見える。瞬発力に優れ、高強度のスポーツや筋トレで働く。

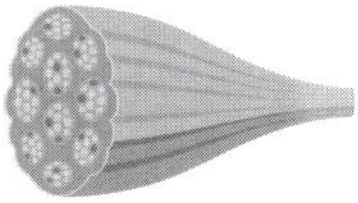

瞬発的な
運動や
筋トレなど

遅筋

筋肉が赤っぽく見える。スタミナに優れ、持久的なスポーツや日常生活動作で働く。

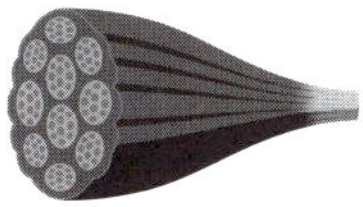

持久的な
運動や
日常生活
など

ボディビルダーが超パワーの持ち主とは限らない

筋トレをやり過ぎると筋肉の出力が落ちる

筋線維には、46ページで述べた速筋と遅筋のほかに実はもう1つ、速筋と遅筋の中間の性質を持つ、中間筋線維があります。そのわかりやすい例が、ボディビルダーのいわゆる「見せ筋」です。

美しく鍛え上げられた筋肉は、スポーツ選手より立派に見えます。ところが、腕相撲をするとボディビルダーが案外あっさり負けることも。その理由は、トレーニングの方法が違うからです。ボディビルダーは筋肉を肥大させるため、中程度の負荷の筋トレを何種類も何セットも多量に行います。続けていくと、太くたくましい筋肉に仕上がるものの、体内ではある変化が起きています。長時間の筋トレに耐えるため、**速筋が遅筋化して中間筋線維に変わっていく。つまり、筋トレをやり過ぎると、見た目はよくなってもそれに見合う筋力が得られない**可能性があるのです。

一方、スポーツ選手の筋トレの目的は、あくまで筋肉の出力を高めること。高負荷の筋トレを比較的短時間行い、筋力を上げつつ体重を増やし過ぎないのが一般的です。またスポーツは体全体を使うので、オフシーズンに筋肉を増やしたあと、全身の筋肉の協調や連動を養います。**スポーツの発想とボディビルの発想は、実は真逆**なのです。

健康的で若々しい体のために選択すべきはボディビル的方法ですが、ただし種目数や回数などをおさえて適度に行い、適量の筋肉を獲得します。

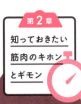

大きい筋肉＝筋力があるとは限らない

ボディビルダーの「見せ筋」

目的：筋肉の肥大化

中程度の負荷で
筋トレを何セットも続ける

↓

長時間の筋トレに耐える

↓

速筋の一部が遅筋化

筋肉のサイズの割に筋力は大きくない

スポーツは筋肉の大きさよりも出力を重視

スポーツ選手は筋力を上げる

目的：筋肉の出力を高める

負荷の強い運動を
比較的短時間行う

↓

集中して強い力を出す

↓

速筋が鍛えられる

細く見えてもしっかりと筋肉の出力が大きい

筋肉痛がないとトレーニング効果もなし？

筋トレの成果は、筋肉痛と無関係

トレーニングを始めた当初は筋肉痛が出やすいものですが、回数を重ねるうちに出にくくなります。「筋トレの効果がなくなったのでは？」と心配する人もいるでしょう。でも実際は、筋トレの成果と筋肉痛との間に直接の因果関係はありません。

「久しぶりにゴルフをやったら筋肉痛になった」というような経験は誰にでもあるでしょう。**筋肉痛は、高負荷で慣れない動きをすると起きやすい**のです。自分のイメージと実際の体の動きとの間に「ずれ」が生じ、筋肉がぎゅっと引っ張られて損傷や炎症が起こりやすいためです。たとえば一流のラガーマンであっても、慣れない野球をすれば筋肉痛になります。逆にいえば、**同じ動作のトレーニングを続けると筋肉痛が出なくなるのは当然**なのです。**筋肉痛はなくとも、適切な負荷と頻度で鍛え続ければ、筋肉は成長する**ので安心してください。中高年になって、「若い頃より筋肉痛が遅れてくる」と感じる人は多いようですが、それは錯覚です。筋肉の炎症のピークは、運動後48〜72時間前後。年齢による差はありません。では10代の頃と何が違うかといえば、運動の頻度と種類です。中学や高校では、体育の授業や部活などで体を動かす機会が大人よりはるかに多いうえ、運動の種類もさまざま。筋肉が常に刺激を受けている状態なので、いつのどの運動が原因で筋肉痛が出たのかわからず、錯覚しやすいのです。

筋肉痛が起こらなくても効果はある

筋肉痛が起こる場合

激しい運動や慣れない運動をした。

筋肉が炎症などを起こし、
運動後48～72時間で
筋肉痛がピークとなる

筋肉痛が起こらない

同じ動作のトレーニングや運動を続けている。

筋肉痛が起こらなくても
適切なトレーニングを続けると
筋肉は成長！

「年を取ると筋肉痛が遅れてくる」は錯覚

筋肉の炎症ピークは年齢差関係なく運動後48～72時間。
錯覚の原因は運動頻度の違い。

子どもは体を動かす機会が多い

ほぼ毎日、さまざまな運動を行っているので
頻繁に筋肉痛が起こり、スパンが短く感じる。

ミドル、シニアは運動の機会が少ない

運動の機会が少なく強烈な筋肉痛が
出るため、印象に残りやすい。

高負荷で回数少なくVS低負荷で回数多く、どっちが効果的？

負荷は強めに、でも限界ギリギリはNG

速筋を鍛えるためのトレーニングでは、負荷や回数が重要です。回数と出力は反比例し、重い負荷ほど回数は減ります。**筋肉を獲得するための筋トレでは「重め（中程度）の負荷を少なめの回数で」というのが基本。**最大出力の70％〜85％が最適な負荷です。70％は最大12回、85％は最大6回反復できる負荷です。これより軽くなると速筋よりも遅筋が使われるので、筋肉がつきにくくなります。逆にこれ以上重い負荷だと筋力は向上する割に、筋肥大しにくくなります。**6〜12回できる負荷で行うのがベスト**なのです。

実はこれ、成長ホルモンがいちばん出やすい負荷と回数でもあり、最も理にかなっているのです。成長ホルモンは、筋肉量を増やす最も重要なホルモンの1つである「インスリン様成長因子1（IGF-1）」の分泌を促します。

ここで注意したいのは、**あと2回できる余力を持って行うこと。10回できる運動なら、8回ぐらい**に留めましょう。この方法なら成長ホルモンが十分出ますし、関節の消耗やケガのリスクも低減。心理的にも余裕ができて継続しやすくなります。限界まで反復してしまうのは、モチベーションを低下させるだけではありません。顔をしかめて歯を食いしばり、息をこらえるので、シワができたり、奥歯が欠損したり、血管がダメージを受けたり。美容上も健康上もよくないのです。

トレーニングは重めの負荷で少ない回数で行おう

30kg×10回 大

効果 ＞

15kg×20回 小

回数と出力は反比例

6回→出力85%　|　12回→出力70%　|　20回→出力50%

出力が小さいと筋肉がつきにくい

6回から12回できる負荷がベスト回数

6回から12回反復できる中程度の負荷で行うと
成長ホルモンが出やすい。

成長ホルモンの働き

- 筋肉　肝臓で、筋肉を合成するIGF-1というホルモンの分泌を促す
- 骨　骨を成長させる、骨量を保つ
- 脂肪　脂肪の分解と消費を促す
- 糖代謝　糖代謝を正常に保つ
- 毛髪　生まれ変わりを促進
- 皮膚　厚みと弾力性を増す
- 免疫　免疫機能を正常化する
- 脳　記憶力や意欲を高める

注意！

心身の負担を減らすため、あと2回できる余力を残して行う。

筋トレの頻度はどれくらいがベスト？

筋肉の「超回復」に合わせた週2トレーニング

筋肉をつくる、というとハードなイメージがありますが、筋トレは毎日する必要はありません。**週2回で十分です。その理由は、「超回復モデル」とよばれるメカニズム**にあります。

筋トレによって強く刺激された筋肉は、疲労がたまって一時的に出力が弱まります。そこで体を休めて糖質やタンパク質などの栄養を摂取すると、疲労から回復し、成長します。このとき起きるのが「超回復」。前回のトレーニング時よりも、筋力は少しだけ上がっています。それはなぜかというと、**筋肉はまた同じ刺激（＝筋トレ）がきても耐えられるよう、自ら強くなろうとする**からです。このタイミングで次のトレーニングを行えば、筋肉は超回復をくり返し、順調に成長していきます。トレーニングから超回復が起きるまでの時間は48時間から72時間というのが一般的。つまり、2、3日おきにトレーニングすれば結果が出やすいということなのです。

体を引き締めて健康体になることが目的なら、**一度必要となる筋肉量を獲得したあとは週1回の筋トレで大丈夫。ただ、筋肉を維持するうえで大事なのは「これまでと同じ以上の刺激を与えること」です。負荷を軽くしたり、回数やセット数を減らしたりしないこと。**また、週1ペースにすると、筋トレを1回休むだけで半月あくので、曜日や時間帯を決めるなどして習慣化することも大切です。

「超回復」のタイミングを捉えてトレーニング

「超回復」が起こることにより、
トレーニングは週2回で十分効果がある。

DAY 1

トレーニング DAY 2 トレーニングで筋肉疲労

DAY 3
DAY 4
休んで糖質やタンパク質を摂取
➡ 回復・成長

トレーニング DAY 5

前回の筋力よりも上がっている！

DAY 6

DAY 7

トレーニングから超回復が起きるまでは
48時間から72時間。
つまり2、3日おきのトレーニングがいい！

筋肉の獲得に必要なのは「これまでより少し多い刺激」

前回は10回だったけど
今日は5回でいいかな

⬇

NG!

負荷を軽くしたり、
回数を減らしたり
すると効果が
下がってしまう！

少しずつ種目数・負荷・回数などを増やす

筋トレはどれくらい続ければ効果が出てくる？

「3か月の壁」を超えれば、はっきりと実感

スポーツジムではよく、「3か月継続すれば入会金無料」といった特典つきで会員を募集しますが、これには理由があります。入会後3か月以内に退会してしまう人がとても多いため、ジムはモチベーションを維持する工夫が必要なのです。

短期間でやめる人が多いのは、すぐに効果を実感できないから。**筋トレを始めてから筋肉がつき始めるまで、最低1か月ほどかかります。**筋肉の刺激に対して神経系の適応が起こり、力を出しやすい状態になるため、最初の1～2か月程度はみるみる重いものが上がるようになります。日常生活では、いつもの荷物を軽く感じたり階段を楽に上れるようになったりと、筋力アップを実感できます。しかし、この間は筋肉量の増加はゆるやか。その時期を超えてから、筋肉はタンパク質を取り込んで肥大していき、筋肉量の増加を実感できるようになります。そうなるまでには、個人差はありますが、遅い人だと3か月ほどかかります。

ここを乗り越え、トレーニングを続けることが勝負の分かれ目です。**3か月目を過ぎると、自分だけでなく周囲が気づくようになります。「痩せた？」「きれいになったね！」といわれることも増えて、モチベーションもアップ。**心理的ハードルが下がってトレーニングは習慣化します。3か月の壁を乗り越えて、一生ものの美と健康を目指しましょう！

2か月続ければ効果が見えてくる

しばらく続けてみたけど、
効果が出ないから止めよう…

効果が出るまでの目安

START

1か月 筋力が目に見えて向上する
筋肉は増えないが、
筋肉の機能である筋力が上がる。

2か月 筋肉が大きくなり始める
自分では筋肉量の増加、
筋肉の張りを感じることができる。

2か月からが
勝負の分かれ目。
さらに続けると…

3か月 目に見える変化
服がサイズダウンしたり、
周りから「痩せた？」と
見た目の変化をいわれることが増える。

少しサボっても、一度ついた筋肉は裏切らない

筋肉の記憶装置で筋力が復活！

週1、2回のトレーニングといえども、社会人になると思うようにできないこともあります。仕事で多忙なうえ、残業や出張、あるいは出産や育児などで中断を余儀なくされることも。2週間以内の中断なら筋力はあまり低下せず、筋肉量も減りませんが、それ以降は徐々に衰えていきます。

ただ、**一定期間きちんと鍛えてできあがった筋肉は、衰えるスピードがゆるやか**です。これは**「マッスルメモリー」とよばれる筋肉の記憶装置のおかげ**です。その記憶力に貢献しているのが、筋線維の周囲にあるサテライト（衛星）細胞とよばれるもの。筋トレをすると活性化し、筋線維と融合して細胞核の増殖と筋肥大を促します。一度融合すると離れないので、細胞核が減ることはありません。そのため、**トレーニングを再開（リトレーニング）するとサテライト細胞が再び活性化し、最初よりも速いペースで筋肉量と筋力を復活させてくれる**のです。

この仕組みが永遠に働くのかどうかはまだよくわかっていませんが、**マッスルメモリーは少なくとも10年以上は残る**といわれています。前述のように、筋肉ができあがるまでは時間がかかるため、トレーニングを途中でやめてしまう人が多いのですが、このマッスルメモリーの働きを知れば、ここであきらめるのがどれだけもったいないことか、ご理解いただけるでしょう。

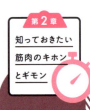

筋肉を鍛えた記憶を残す細胞

記憶を残す サテライト細胞

筋線維に付着している細胞。トレーニングをすると活性化して筋肉を増やす。トレーニング中断後に再開すると再び活性化して筋肉を増やす。

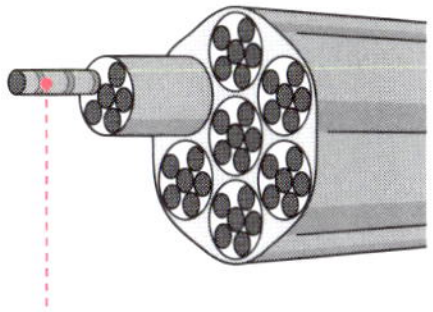

サテライト細胞が付着している筋線維の部分。

一度中断してもトレーニング再開で筋肉が早く復活

トレーニングの中断と再開による筋力変化

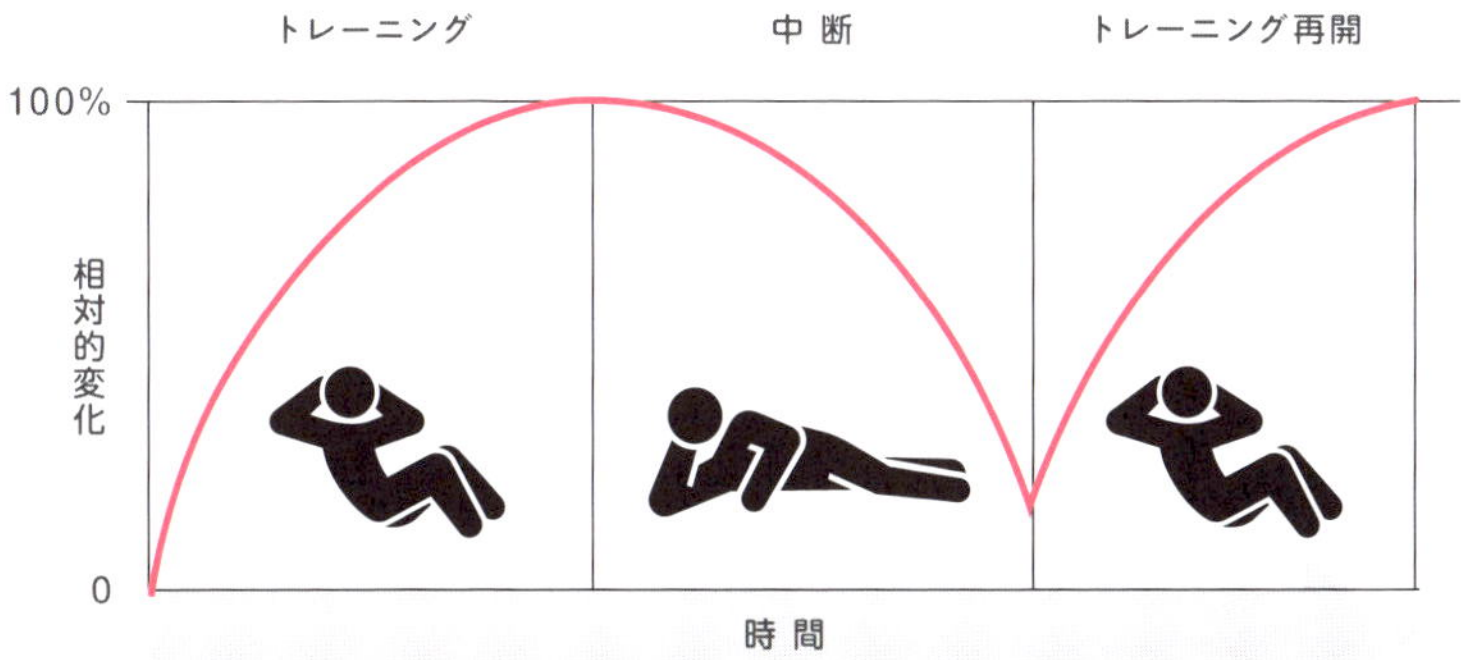

トレーニングで筋肉が増え、筋力が増大する。	増えた筋肉量と筋力は、トレーニングを中断すると元のレベル付近まで落ちる。	トレーニングを再開すると、以前より短期間で筋肉量と筋力が復活する。

トレーニングの記憶は10年以上といわれる！

仕事や家庭の都合でやむなく中断しても、
再開すればすぐに戻る！

筋肉が脂肪になったり、脂肪が筋肉になったりするってホント？

筋肉の細胞と脂肪の細胞はまったくの別物

運動をやめて太った人はよく「筋肉がぜい肉に変わった」などといいます。反対に、運動を始めて体が締まってきた人は「ぜい肉が筋肉に変わってきた」とうれしそうに話したりします。

でも、この考え方は正しくありません。人体で一度分化した細胞が、別の細胞に変わることはありえないからです。**脂肪が筋肉に変わることも、筋肉が体脂肪に変わってしまうこともない**のです。運動をやめると筋肉が減って基礎代謝が下がり、その結果体脂肪が増えるので、あたかも筋肉が体脂肪に変わったかのような錯覚を受けるに過ぎません。その逆も同様。筋トレをすると、筋肉量が増えて基礎代謝が上がって体脂肪が減るので、脂肪が筋肉になったかのように感じてしまうのです。

筋肉と脂肪の大きな違いは比重の大きさです。筋肉は脂肪よりも比重が大きく、同じ量でも1割程度体積が小さいため、同じ体重なら筋肉が多い人のほうがスリムに見え、逆に体脂肪が多い人は太って見えます。**痩せたい人がチェックすべきは体重よりも体脂肪率です。男性は25%、女性は35%を超えると「肥満」**です。体重は適正なのに体脂肪が多い人は、いわゆる「隠れ肥満」。でも、食事制限をすると体脂肪だけでなく筋肉の分解と消費が進んでしまいます。**体脂肪だけを落とすには、並行して筋トレの取り入れが不可欠**です。

筋肉から脂肪、脂肪から筋肉に変わる？

痩せている人は、トレーニングを始める前に
1回太ったほうが、たくさん筋肉ができるらしい？

答えは ✕

筋肉と脂肪は別の細胞。
変わることはない！

細胞は、体の部位ごとに種類が決まっていて、
ほかの部位の細胞に変化することはない。

【細胞例】表皮細胞（皮膚）、赤血球（血液）、骨細胞（骨）、筋細胞（筋肉）、脂肪細胞（脂肪）、肝細胞（肝臓）、神経細胞（神経系）など

脂肪を筋肉に変えるために
トレーニングするわけではない。

筋肉を増やすことと、
脂肪を減らすことは別！

体重だけでなく体脂肪もチェックしよう！

同じ体重なのに体型が違うのはなぜ？

同じ体重でも筋肉が多いほうが
引き締まって見えるから！

こんなこと
ありませんか？

体重は適正だけど
体脂肪が多い

↓

それは隠れ肥満！

体脂肪の目安
男性は25％、女性は35％を
超えると「肥満」

成長期に筋トレすると身長が伸びないってホント？

身長の伸びと筋肉の発達は無関係

体操や飛び込みのような競技を見ていると、ほとんどの選手が小柄なうえ、がっちり筋肉がついています。一方、バレーボールやバスケットボールの選手の多くはすらりと背が高く、極端な筋肉の肥大は見られません。そのためか、「成長期に筋肉をつけると背が伸びない」というのが定説のようになっていますが、これは真実でしょうか。

答えはノー。まったくの迷信です。体操競技を例に考えてみましょう。高得点を出すには「回転」がカギとなりますが、物理学的には物体は短いほうが回転しやすいので、背が高い人はおのずと淘汰されます。つまり、**体操をやるから背が伸びないのではなく、小柄だから体操競技に長けている、ということ**なのです。反対に、高さを競うバスケットボールでは当然、背の高い人のほうが有利です。**骨格や体格などの身体条件によって向いているスポーツが違うというだけで、身長の伸び方は筋肉の発達と関係ありません。**

実は、成長期の筋トレが体の成長にマイナスに働くことはなく、むしろプラスの効果のほうが大きいと考えられています。筋肉に適切な負荷をかけると成長ホルモンが出るからです（52ページ）。成長ホルモンは骨の形成を助けてくれます。**成長期は骨の縦の成長を促しますが、成人すると骨の密度を上げてくれるので、加齢で骨密度が減少し始める中高年期にも、筋トレは有効**だといえます。

成長期に筋肉をつけると背が伸びない？

成長期から筋肉をつける体操の選手は小柄だけど…？

答えは ✕ ➡ **スポーツによって有利な体型が異なるだけ！**

背が高いほうが有利

バスケットボールやバレーボールは背の高い選手が活躍しやすい。

小柄なほうが有利

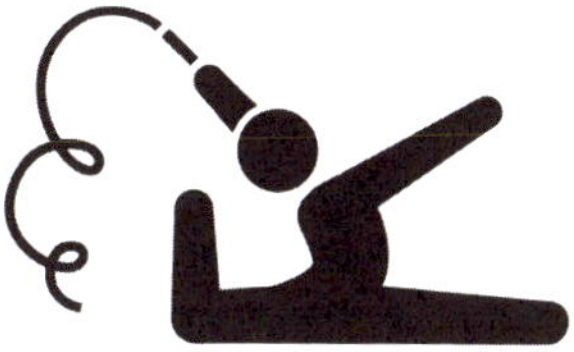

体操やフィギュアスケートは小柄な選手が活躍しやすい。

成長期のトレーニングはプラス効果

筋肉に適切な負荷

⬇

成長ホルモンが出る

⬇

筋肉　骨　脂肪

体にいいこといろいろ！

(P.52-53参照)

脳　糖代謝

免疫　皮膚

特に**骨の形成を助ける働き**は、成長期はもちろん、骨密度が減少し始める**中高年期**にもうれしい効果。

筋トレは脳にいいってホント？

頭を使って鍛えれば、効果抜群の脳トレに！

筋トレの効果は肥満の解消だけではありません。基礎代謝が上がることで、メタボリックシンドロームや脳卒中の予防にもなります。さらに、**やり方次第では認知機能が大いに刺激されるので、血管性認知症に加えアルツハイマー型認知症の予防にも効果的な「脳トレ」になる**のです。

認知機能は「記憶・理解・思考・判断」などですから、自ら頭で考えながら筋トレすることが大事です。**いちばん重要なのは、フォームに注力すること。**手の置き方、肘の位置、脚の向き、姿勢などに注意し、体を動かす角度や幅などを考えながら正確に動かす。そうすることで初めて認知機能が刺激されます。呼吸や動作スピード、回数、セット数などを考えながら行うことも大切です。

その意味では、**本書のような解説本を見ながらセルフトレーニングをすることは非常に有効です。さまざまな認知機能を刺激しながら体を動かすからです。**パーソナルトレーニングを受けた場合と比較すると、筋肉にあらわれる効果はほぼ同じですが、認知機能に関しての効果はセルフトレーニングのほうがはるかに上であるといえます。トレーナーがいれば「先週は6回できたから今週は7回やってみましょう」とか、「腕はこの角度で動かして」などと指示してくれますが、**セルフトレーニングはすべて自己決定のうえで行うため、脳がフル稼働する**のです。

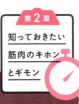

筋トレは脳にいい？

筋肉を鍛えると脳も鍛えられるって本当？

答えは○　➡　**トレーニングは 脳の機能と健康も保つ！**

正しいフォームを考えながら行う

↓

認知機能への刺激

↓

認知症の予防につながる

いいことだらけ！

正しいトレーニング

↓

基礎代謝が上がる

↓

血管を若く保ち、
脳卒中の予防になる

**正確なフォームを意識し
再現することで効果が高まる！**

自分で考えるセルフトレーニングは脳トレ効果大

セルフトレーニング

考えることが
たくさん！
呼吸
動作
スピード
身体を
動かす方向
や角度
手足の
幅
手の向きや
つま先の
向き
回数や
セット数
姿勢や
目線

パーソナルトレーニング

トレーナーが
指示してくれて
ラクだな

**筋肉にあらわれる効果は同じ、
でも認知機能の効果は
セルフトレーニングのほうが上**

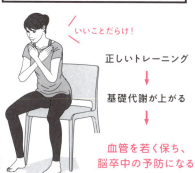

筋トレが最高のストレス解消法なのはなぜ？

ストレスホルモンを消費してイライラ解消

運動はストレス解消に役立つといわれていますが、具体的にはどんな作用があるのでしょうか。たとえば筋肉の緊張を和らげ、ストレス時に高まる交感神経を鎮めて副交感神経を優位に導いてくるので心身のリラックスが得られます。この際、痛みを感じることなく心地よい強さで行うことが肝心です。また、ウォーキングやランニングなどリズミカルな有酸素運動をすると増えるのが、「幸せホルモン」とよばれるセロトニン。怒りや不安を軽減し、心を安定させてくれます。

もちろん、筋トレにもストレスを解消する効果があります。その**いちばん大きな役割は、ストレスホルモンであるアドレナリンの消費。**アドレナリンは本来、動物が外敵に対峙した際に出るもので、筋肉にたくさんの血液を送ってエネルギーを与え、大きな力を発揮しやすくします。動物はそこで闘うか逃げるかの選択をしますが、現代の人間社会では、怒りやイライラを感じた相手と身体的に闘うわけにはいかず、走って逃げたからといって解決するわけではありません。どちらも選択しない結果、アドレナリンは体内に残り、イライラが続くことに。

それを解消するために暴飲暴食に走る人も少なくありませんが、実は**ストレス状態にあるときこそ筋トレが有効。短時間で大きな力を使うので、アドレナリンが消費されやすい**のです。

体を動かすとストレス解消につながる

筋トレ

ストレスホルモンであるアドレナリンを消費することにより、イライラを解消する。

ストレッチ

筋肉の緊張を和らげ、ストレス時に高まる交感神経が鎮まり副交感神経が優位になる。

有酸素運動

有酸素運動により「幸せホルモン」とよばれるセロトニンが増えて心が安定する。

ヨガ

ヨガはストレッチと筋トレ両方の要素があり、その分リラックス効果が高い。

ストレスを感じているときこそ筋トレ！

イライラのもと
アドレナリン
もともとは敵と会ったときに出て、大きな力を発揮しやすくする。

現代

怒りやイライラを感じた相手と身体的に闘うわけにはいかない。

アドレナリンが体内に残り、イライラが続く

短時間で大きな力を使うので、アドレナリンが消費されやすい

そんなときこそ筋トレを！

運動が苦手な人のほうが筋トレに向いている!?

非合理的な動きを忠実に行うと効果大

運動が苦手な人は、トレーニングがうまくできないのではないかと不安を感じてしまいがちです。でも心配ご無用。**実は、運動が得意な人よりも筋トレの効果が高いことが多いのです。**

筋トレは、特定の筋肉だけに負荷をかけて鍛えるわけですから、あえて非合理的な体の使い方をします。ところが、**運動が得意な人は、無意識のうちに全身の筋肉を連動させて合理的な動きをしようとします。**この場合、負荷が分散してしまうので、筋肉がつきにくいのです。一方、**運動が苦手な人、運動経験が少ない人は、タイミングよく複数の筋肉を合理的に使うことが不得意。逆にいえば、1つの筋肉だけを動かすことは得意です。**特に、筋トレ経験が少ない人は正しいフォームを忠実に覚えようとするため、効果が出やすい傾向にあるのです。

運動が得意な人が筋トレで高い効果を上げるためには、鍛えるべき筋肉だけを動かす、いわば不器用な動作を意識して、負荷や回数を重要視しないことが大事です。たとえば、腹筋運動で回数を多くこなそうとすれば、手を振って反動をつけたりお尻を浮かしたりと、運動が得意な人ほど余分な動作を加えてしまいがち。**鍛えるべき筋肉だけを使う正しいフォームが保てなくなったら、そこでやめましょう。崩れたフォームで回数をこなすことに意味はない**と思ってください。

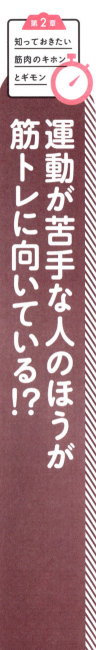

運動が苦手な人のほうが筋トレ向き

運動が得意な人

無意識に全身の筋肉を連動させて合理的な動きをする。

負荷が分散して筋肉がつきにくい

運動が苦手な人

全身の筋肉を連動させ、合理的に使うことが不得意。

部分的に筋肉を動かすことは比較的得意

特に、筋トレ経験が少ない人は

正しいフォームを忠実に覚えようとするため、効果が出やすい

運動が得意な人が高い効果を上げるには？

効果を上げるコツ

☑ **負荷や回数を重要視しない！**

回数を多くこなそうとすると、運動が得意な人ほど全身を動かし、余分な動作を加えてしまう。

☑ **フォームを保てなくなったらやめる！**

崩れたフォームで回数を重ねても筋肉は育たない。

C O L U M N

日本人は筋肉がつきにくい？

スポーツの世界大会や海外のドラマを見ていると、欧米人は日本人よりも筋肉が多い印象があると思いますが、これは遺伝的な要素が関係していると考えられています。

農耕民族の日本人は、長時間に及ぶ農作業に順応し、速筋よりも遅筋が発達してきました。それに対し、石器で攻撃して動物を獲るなど、瞬間的に大きな力を要する狩猟民族を先祖に持つコーカソイド（白色人種）は、遅筋よりも速筋が発達。特に北極圏に近い地域の人は、寒さに耐えるためにより多くの筋肉と脂肪を必要としました。反対に、温暖な地域に住むアジア人は、身体に熱をためないように筋肉や脂肪がつきにくいと考えられています。

ただ、人の体格や体型を決める全要素のうち、遺伝的な要素はその３分の１程度。欧米でも筋トレが一般的になったのは 1980 年代以降で、それ以前のスポーツ選手や俳優の体格は日本人と大差ありません。正しくトレーニングをして適切な食事を摂れば、欧米人に負けない体は実現できます。日本人だからと悲観する必要はないのです。

第3章

最短で見た目が変わる!

魅力的な体をつくる筋トレ

見た目に影響する「引き締め筋」だけ効率よく鍛えよう

衰えやすいのは、アウターマッスル

体は、筋肉のかたまりです。心臓や内臓の大部分も筋肉。骨に付着して関節を動かしたり姿勢を維持したりする筋肉は骨格筋とよばれ、体重の30～40％程度を占めています。

筋トレの対象となるのは、まさにこの骨格筋。骨格筋は、骨に近い深層にあるインナーマッスル（深層筋）と、その外側にあるアウターマッスル（表層筋）に分けられます。インナーマッスルは、姿勢維持などで日常的に使われているため、実は運動不足や加齢などの影響を受けにくく、衰えづらいという特徴があります。**運動不足や加齢によって衰えやすいのはアウターマッスルです。**逆に鍛えることで基礎代謝が上がって体脂肪が減り、ボディラインが整うため、「引き締め筋」といってもよいでしょう。つまり、**中年太りを防いでスタイルをよくするためには、まず引き締め筋＝アウターマッスルを優先的に鍛えるのが正解。**

アウターマッスルでも特にボリュームが大きい筋肉が筋トレのターゲットです。下半身では大腿四頭筋、ハムストリングス、大臀筋、下腿三頭筋。胴体部では腹直筋、腹斜筋、脊柱起立筋。上半身では大胸筋、広背筋、三角筋。これらの10か所の筋肉が、優先的に鍛えたいアウターマッスル。**特に全身の筋肉の6～7割を占める下半身は衰えやすく、逆にここを鍛えることで効率よく基礎代謝が上がり、**また疲れにくい体にもなります。

筋肉はインナーとアウターに分けられる

インナーマッスル

日常的に使われているため衰えにくい。

アウターマッスル

運動不足や加齢によって衰えやすい。

見た目を大きく左右する筋肉は10か所

大きい筋肉のアウターマッスルは「引き締め筋」!
鍛えれば太りにくい体質になる 。

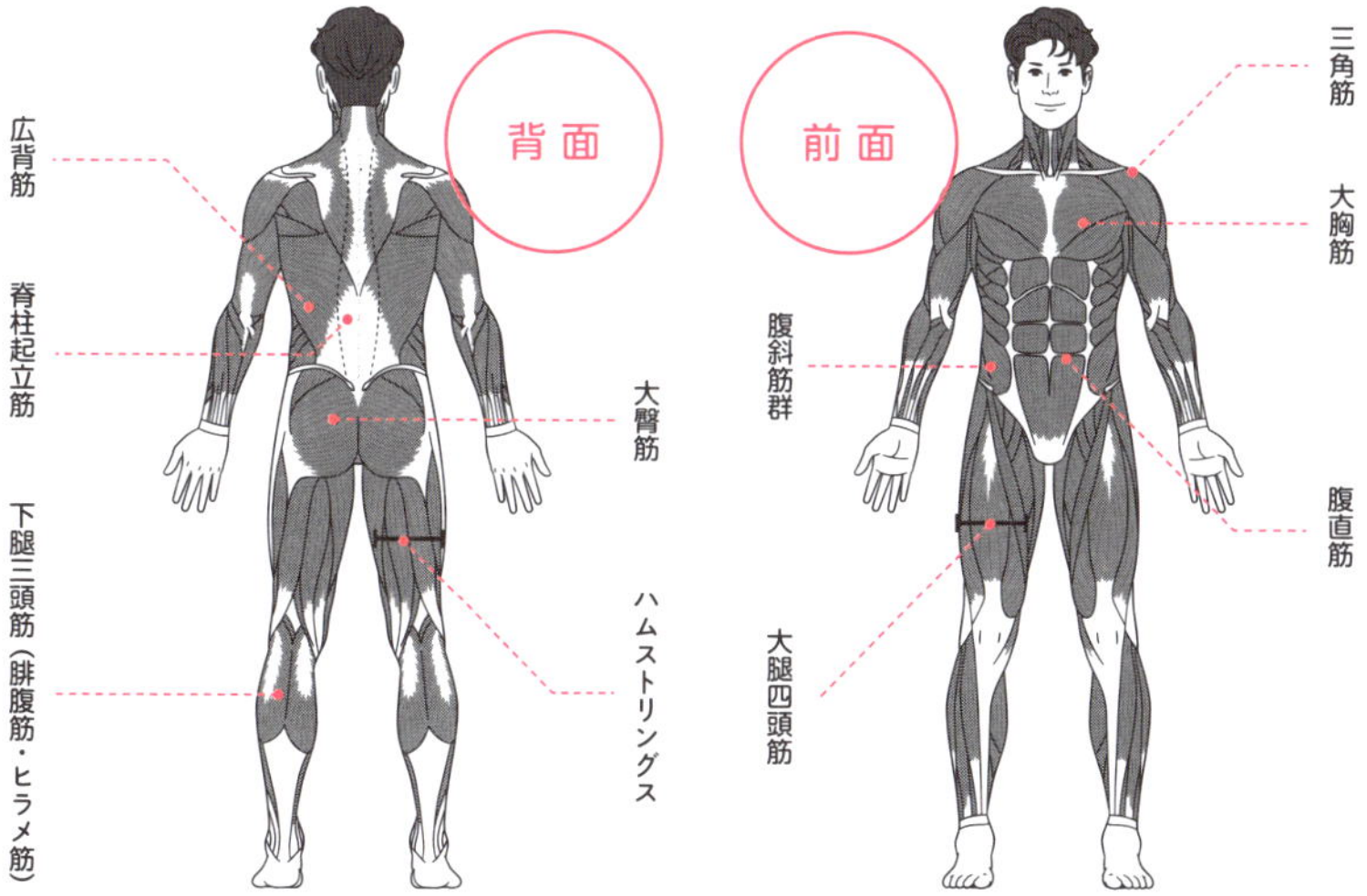

回数や重量は意味なし！筋トレはフォームが9割

フォームが間違っていたら筋トレ効果なし

筋トレには「きつい、つらい」といったイメージがあるかもしれません。確かに、日常生活で受ける負荷より強い負荷をかけないと、筋肉が育たないのは事実です。しかし、筋肉を安全で効率よく増やすために、がんばり過ぎはマイナス。たとえば、**「腕立て100回、腹筋100回」といったハードなやり方は、効果が出なくて当たり前。**何十回もできるのは、負荷が弱すぎる証拠です。

筋トレの効果を上げる最大のポイントは、「正しいフォーム」。鍛えたい筋肉にだけ的確に負荷をかける体の動かし方をすれば、自ずと筋肉はそれに応えて育ってくれるのです。その次に重要になるのが負荷と回数。**1セット6〜12回反復できる負荷で、あと2回できる余力を残して止めるのがベストです。**これを3セットくり返すと鍛えたい筋肉の筋線維がまんべんなく使われます。セットの間に1分の休息を挟みますから、1種目あたり約3分で十分な効果が得られるのです。

毎日筋トレに励むのも間違い。筋肉は休息させることによって超回復して大きくなるため、毎日行うと逆効果、ケガの原因にもなります。特に関節は損傷するとなかなか回復しないので、関節に余計な負担をかけないことが大切です。正しいフォームを最優先して、トレーニング実践編（79ページ〜）のイラストと説明をしっかり読み、自分の動きを確認しながら取り組んでください。

「ストイックに毎日100回！」は意味なし

フォームが間違っていたら効果は出ない！

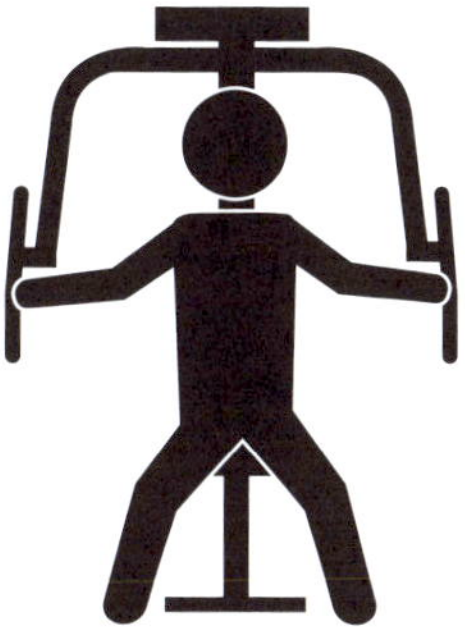

毎日100回やっているのに…

×フォームが崩れている
×毎日、筋トレを欠かさない
×腕立て100回、腹筋100回
×気合いと根性！　限界までがんばる

重要なのは量より質！

筋トレの効果を上げる最短ルートは、「正しいフォーム」。

正しい
フォームで
行う

6～12回
反復できる
負荷で

あと2回できる
余裕を持つ

回数を
意識すると楽な
フォームになる

毎日やらない。
週2回でOK

体を引き締める目的なら自重トレーニングで十分

目指すべきは、一生歩ける体!

ボディビルダーのようなムキムキの体を目指すなら話は別ですが、**引き締まった体づくりが目的なら、負荷は自分の体重だけで十分。重いダンベルやバーベルを担ぐ必要はありません。**むしろ重すぎる負荷をかけて筋トレに励むと、必要以上の筋肉がつき、スタイルが悪くなりかねません。

人間の筋肉量は生まれてから徐々に増えて20歳前後にピークをむかえます。その筋肉量は、重力に逆らいゆとりを持って自分の体重を支えて、楽に移動するために必要なものです。しかしピークを過ぎると、年齢とともに筋肉量は減少し、運動不足が減少にさらなる拍車をかけます。**筋肉量が急激に落ち始める40代、50代は、まさに運命の分かれ道。**ここで何もしなければ、スタイルが崩れるだけでなく生活習慣病に陥り、さらに将来は歩けなくなり要介護の道にまっしぐら……ということにもなりかねません。逆に今から意識して鍛えておけば、一生健康に歩ける体を手に入れられます。

もし2～3フロアの階段上りがつらく、億劫に感じてしまうようなら、一番大事な下半身の筋肉量が減少している証拠です。まず80ページで紹介する自分の体重を負荷にしたスクワットを週2回から始めてみてください。階段上りとスクワットは、刺激される部位がほとんど同じ。早ければ2週間で、階段上りなど日常生活の動作が驚くほど楽に感じられるようになります。

重すぎるダンベルでむしろスタイルが悪くなる!?

余分な負荷がかかり、
必要以上に筋肉が増えて
脚や腕が過度に太くなる

↓

**負荷は
自分の体重
だけでOK！**

自重でも十分すぎるくらいトレーニングできる

階段がきつくて
エスカレーターに
頼ってしまう…

→ **下半身の筋肉量が
足りていない証拠**

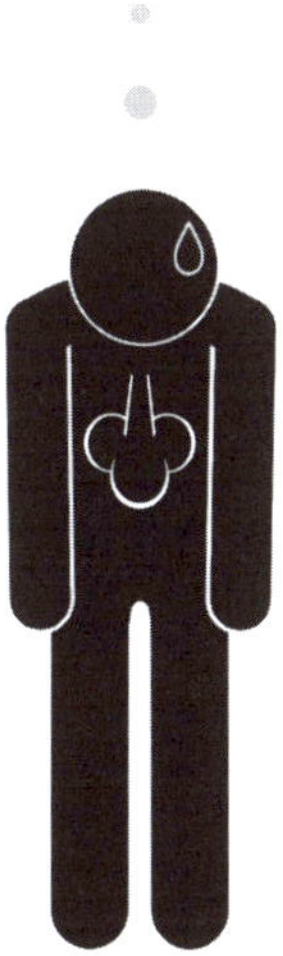

↓

自分の体重を負荷にした
週2回のスクワット

↓

階段の上り下りと同じ刺激！

↓

早ければ 2週間で動作が楽に！

「ゆっくり下ろす」だけでトレーニング効果が倍増！

「下り」の運動は、メリットだらけ

近年、筋トレで注目されているのが、「下ろす動作」の重要性です。上げる動作よりも、下ろす動作のほうがより効率よく、筋肉を増強させる効果が高いことがわかってきたからです。

身体や重りを持ち上げるときは、筋肉が縮みながら負荷を上回る力を発揮している状態。これを運動生理学では「コンセントリック・コントラクション（以下、コンセントリック）」といいます。

一方、下ろすときは筋肉が伸びながら負荷を下回る力を発揮している状態。こちらは「エキセントリック・コントラクション（以下、エキセントリック）」といいます。近年の研究では、**コンセントリックに比べてエキセントリックのほうが、最大でなんと1.5～2倍もの力を出せるうえ、筋肥大はもちろん、脂肪や糖の代謝改善、バランス能力の強化など多くのメリットがある**ことも解明されています。

たとえば階段や登山では、下りのほうが誰でも楽だと感じるでしょう。上りはコンセントリック、下りはエキセントリックです。ならば、つらくて苦しいコンセントリックよりも、メリットが多いエキセントリックを集中的に行うほうが得策です。**筋トレは上げる動作と下げる動作のくり返しですが、コツは下げる動作で力を抜かずに筋肉でブレーキをかけながら、ゆっくり動くこと。**こうすることで、高い効果が得られます。

ゆっくり下ろすほうがラクなのに効果大

エキセントリックとコンセントリックの比較

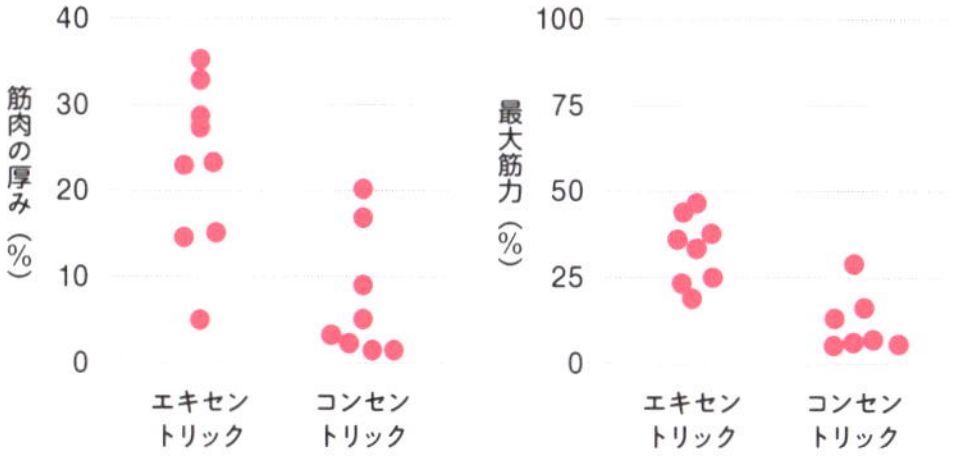

エキセントリックトレーニングとコンセントリックトレーニングを8週間行ったところ、筋肉の厚みも筋力もエキセントリックのほうが増した。

出典：Katsura et al.Eur J.Appl Physiol.2019

下ろす運動

上げる運動

コツ

1

筋肉でブレーキを
かけながら、
ゆっくり動かす

2

下ろすときも力を抜かず、
スピードを
コントロールする

**1.5〜2倍の
力が出せる**

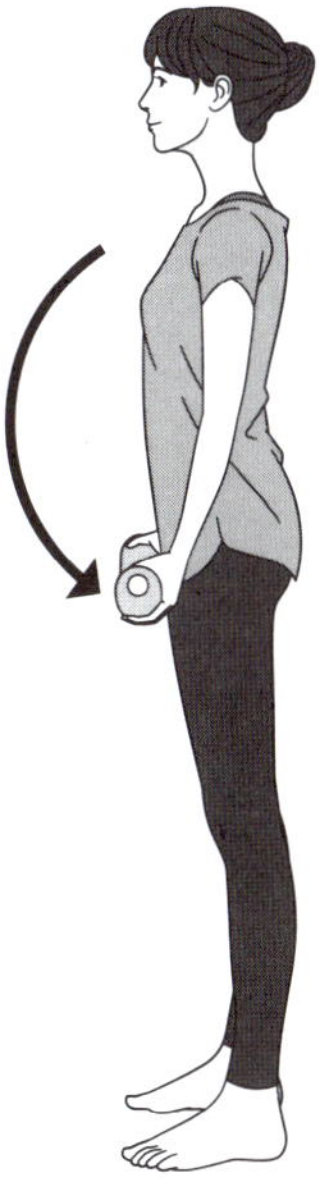

エキセントリック

負荷>筋力。
上げて縮んだ筋肉が、下ろすときに
伸ばされながら筋力を発揮する。

コンセントリック

負荷<筋力。
上げるときに筋肉が
縮みながら筋力を発揮する。

トレーニング実践

下半身を世界一効率よく鍛えるスクワットで「下半身トレ」

［1セット］
4〜10回
休息1分
（3セットまで）

ステップ 1

安定したイスに浅く腰掛け、脚を腰幅に開いて手前に引く。手を胸の前で交差させ、背すじを伸ばし、両脚に体重が乗るまで前傾する。

1秒かけて立ち上がる
（息を吐きながら）

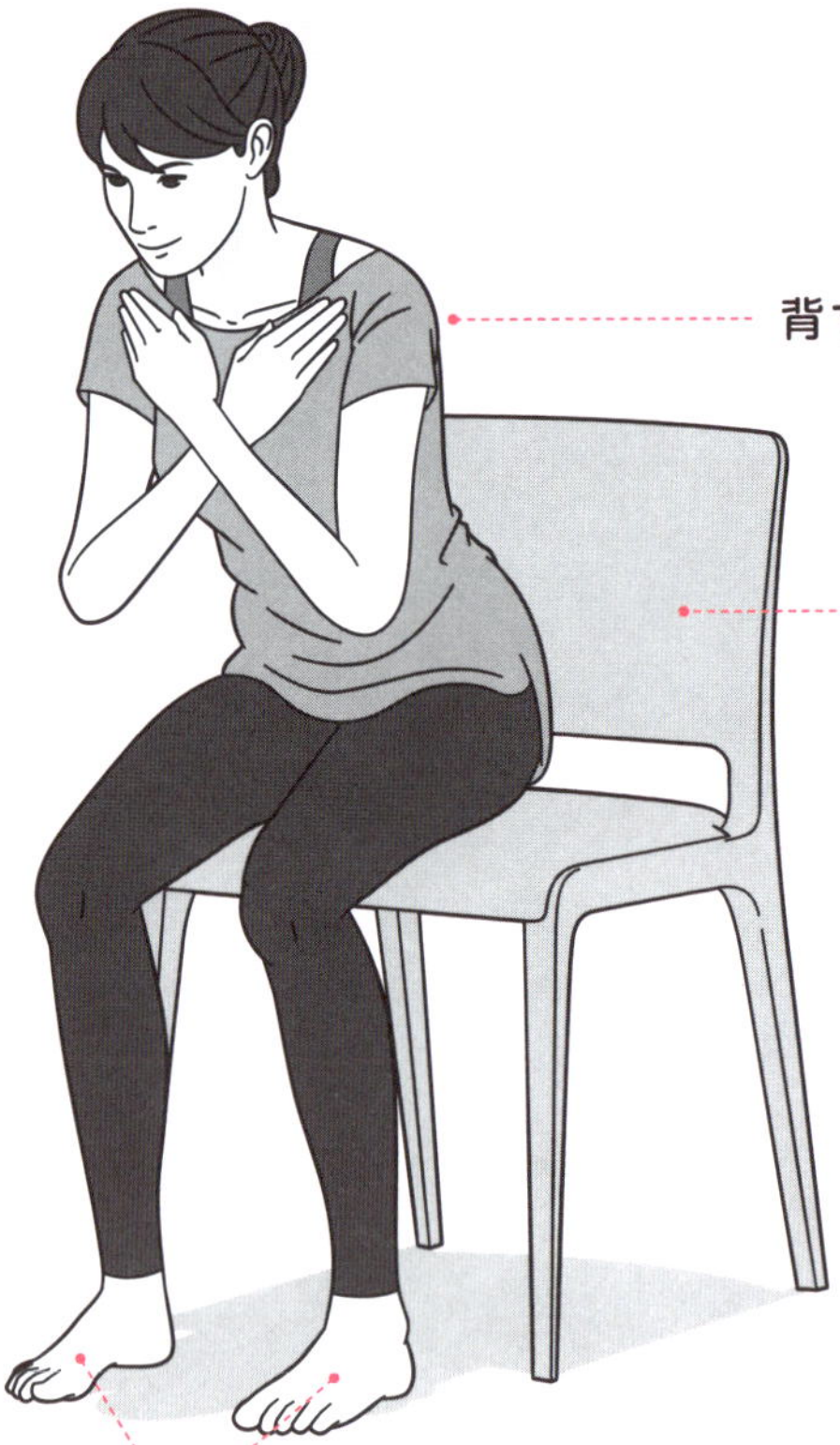

ステップ 2 1秒で息を吐きながら立ちあがり、息を吸いながら2～4秒かけて元の形に戻る。

背すじを伸ばしたまま直立する

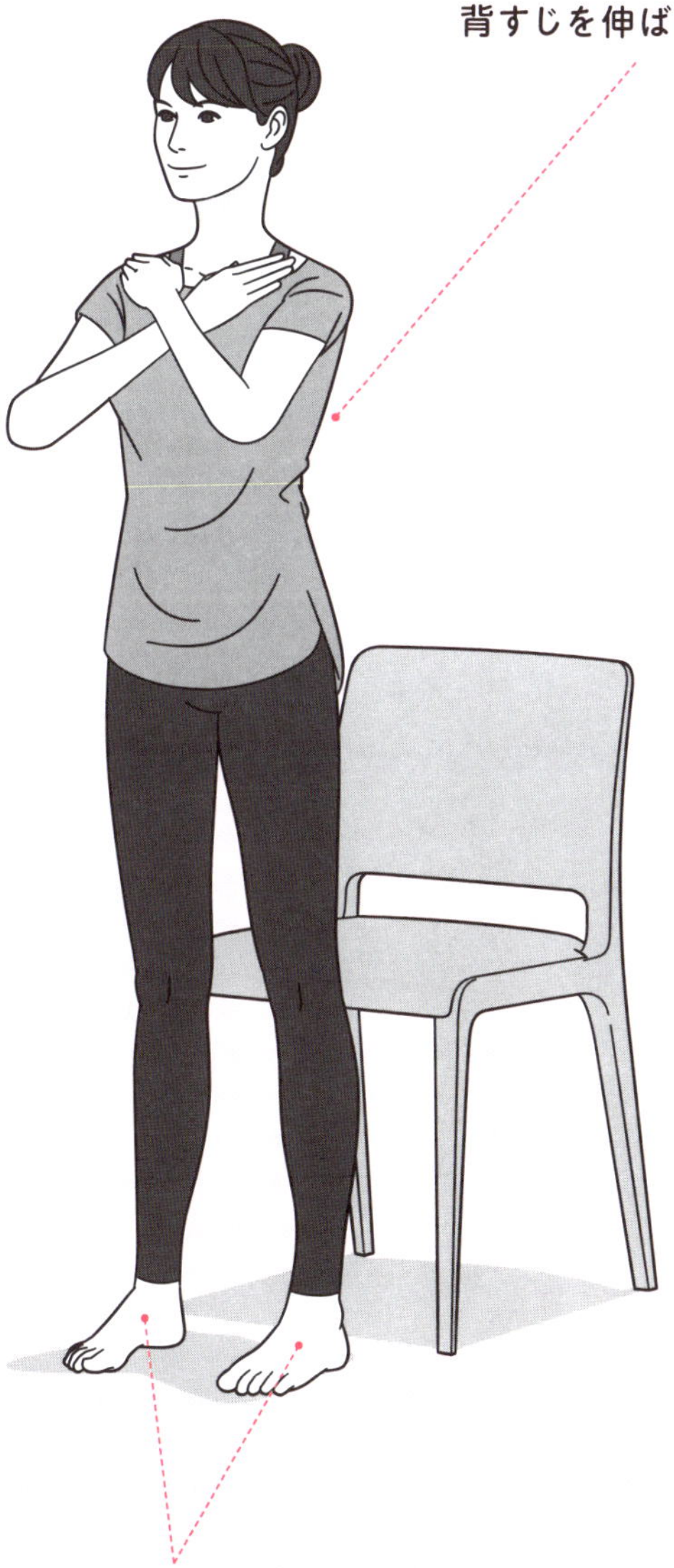

くり返す

2～4秒かけて
腰を下ろす
（息を吸いながら）

脚の親指（内側）を意識して立つ

トレーニング実践

むくみにくくて細見え脚になる「下腿三頭筋トレ」

［1セット］
4～10回
休息1分
（3セットまで）

ステップ 1

イスから一歩離れ、背もたれを両手で持つ。肘を伸ばして頭から脚までまっすぐに伸ばし、右脚首を左脚首にかける。

1秒かけて
つま先立ちに
（息を吐きながら）

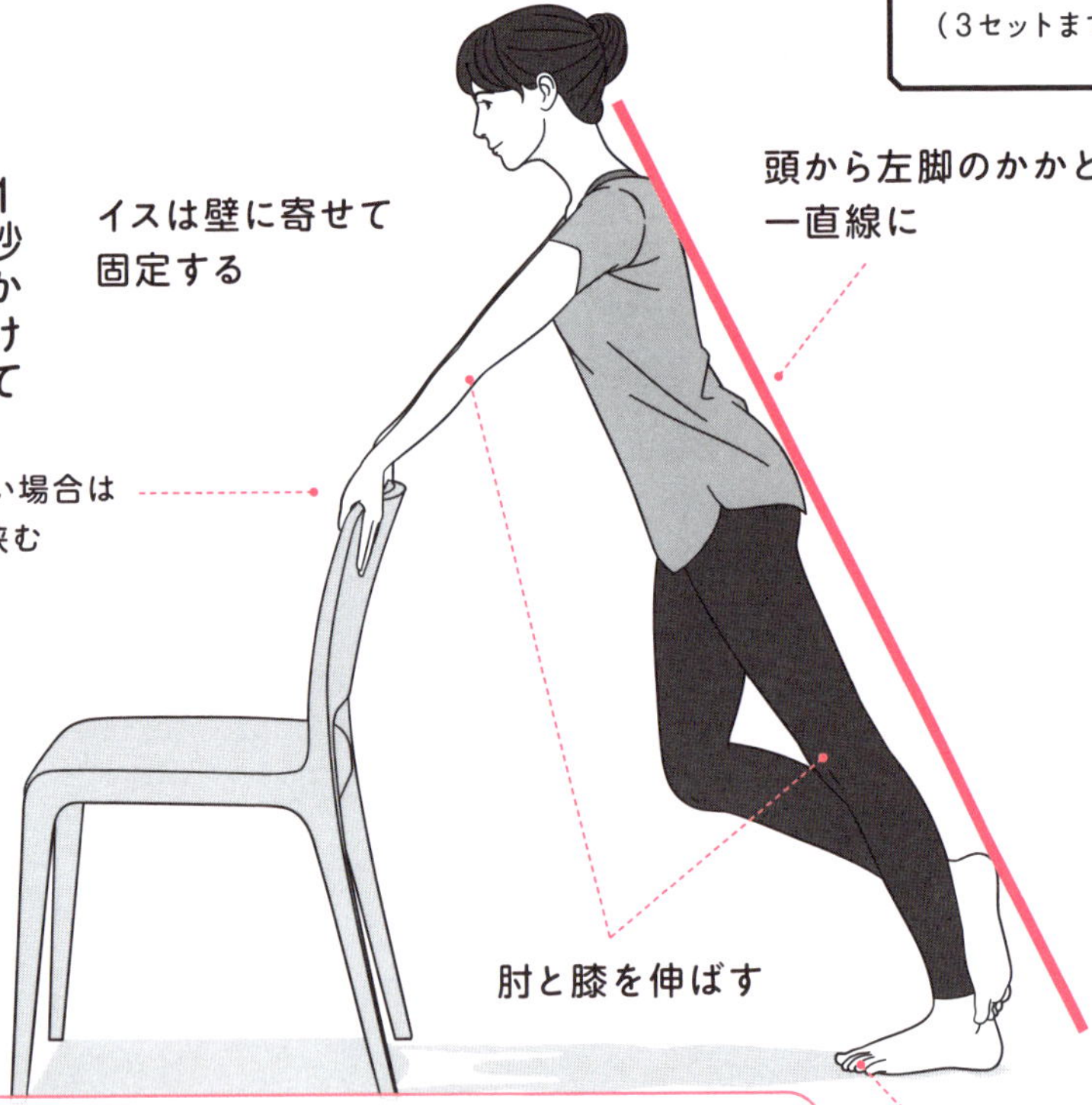

イスは壁に寄せて固定する
頭から左脚のかかとまで一直線に
※手が痛い場合はタオルを挟む
肘と膝を伸ばす
左脚のつま先は正面に向ける

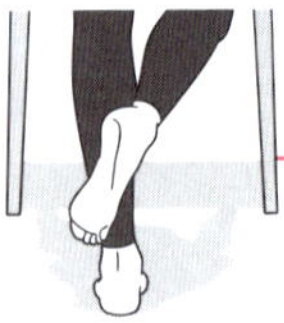

OK

つま先が
正面を向く。

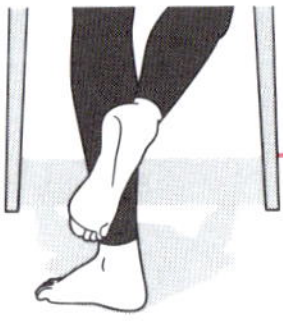

NG

つま先が
外側に開く。

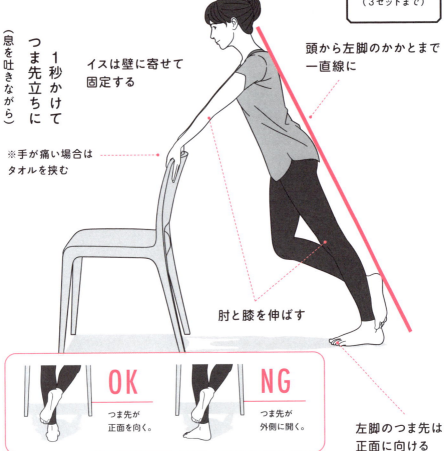

ステップ 2 息を吐きながら1秒でかかとをできるだけ高く上げて、つま先立ちに。息を吸いながら2〜4秒で元の形に戻る。4〜10回くり返したら右脚も同様に行う。

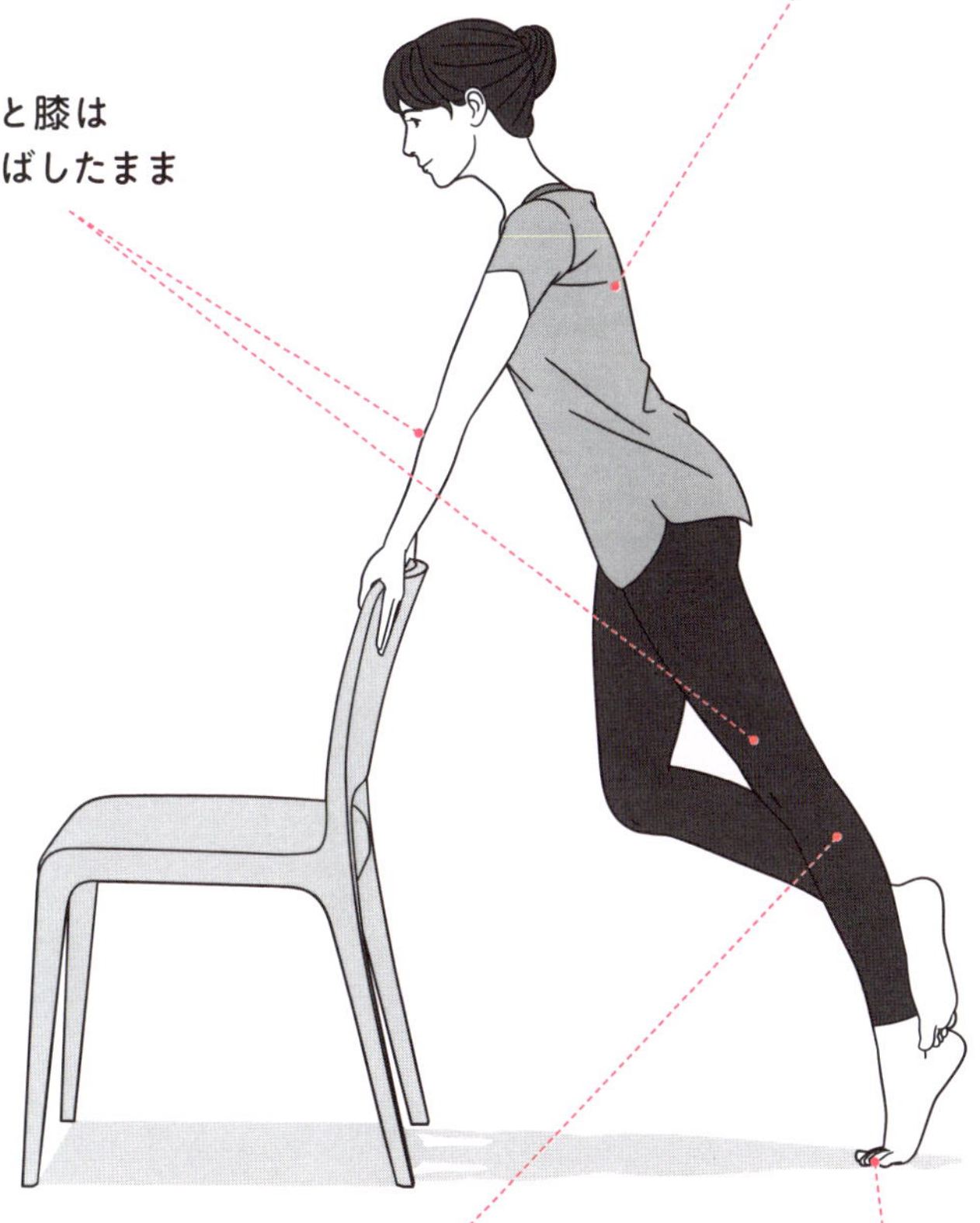
頭からかかとまでをまっすぐに保ったまま行う
肘と膝は
伸ばしたまま
くり返す
2〜4秒かけて
元の形に戻る
（息を吸いながら）
軸脚の膝を屈伸させない
軸脚のつま先は
常に正面向き

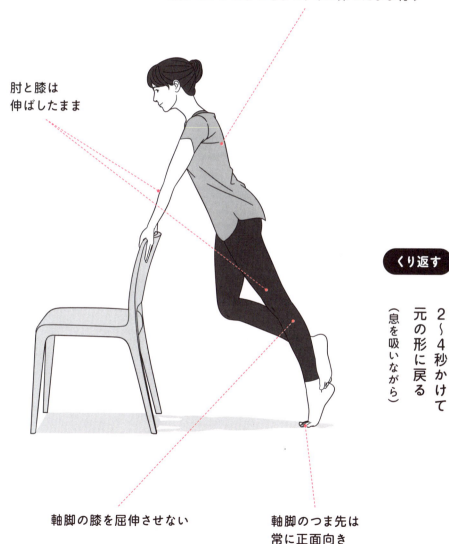

トレーニング実践

スラッとした立ち姿になる「脊柱起立筋トレ」

［1セット］
4～10回
休息1分
（3セットまで）

ステップ 1 うつ伏せになり、脚を腰幅に開いて体をまっすぐに伸ばす。手を重ねてその上にあごをのせる。

1秒かけて上体を反らす
（息を吐きながら）

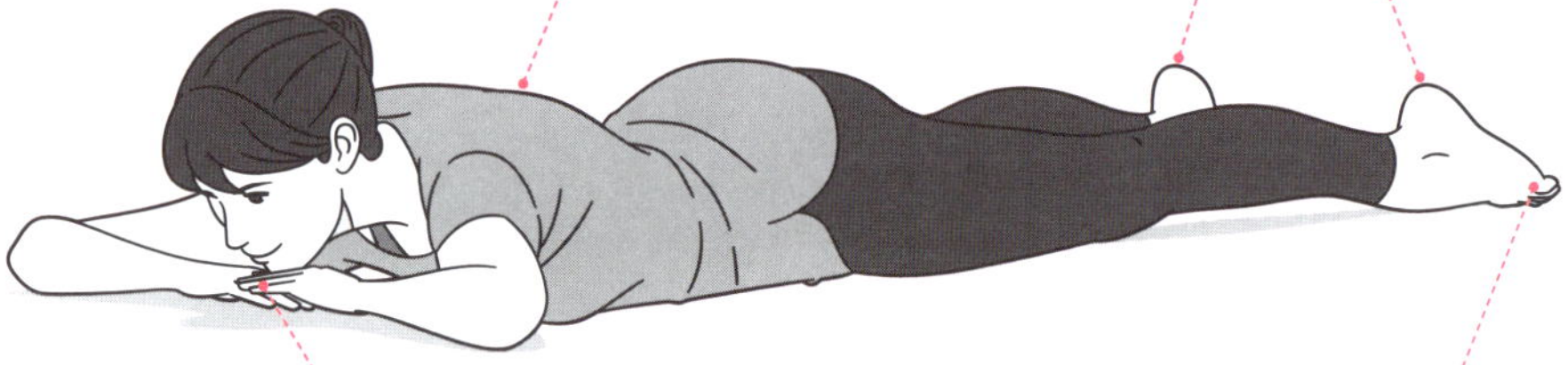

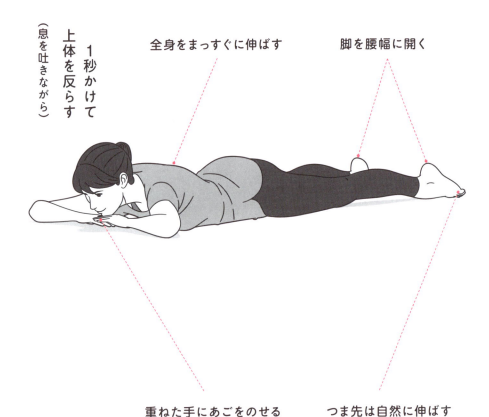

ステップ 2　1秒かけて息を吐きながら上体を反らす。2～4秒かけて息を吸いながら元の形に戻る。これを4～10回で1セット。

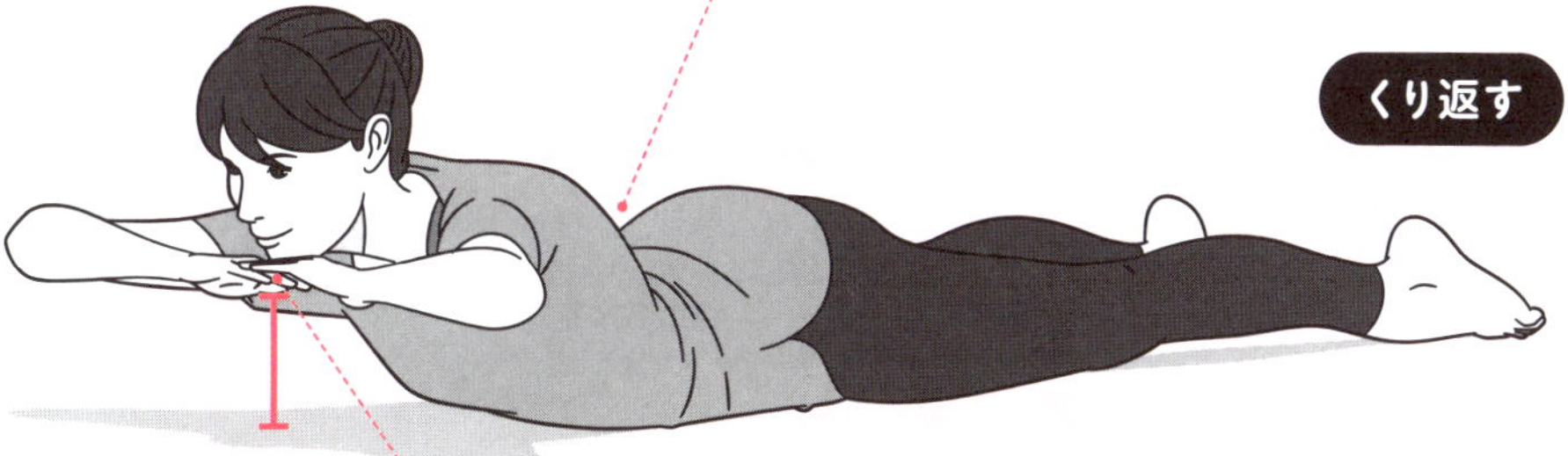
勢いをつけず、下腹部を床につけたまま上体を反らす
くり返す
2～4秒かけて元の形に戻る
（息を吸いながら）
あごを両手から離さない

トレーニング実践

引き締まったおなかになる「腹直筋&腹斜筋トレ」

［1セット］
4～10回
休息1分
（3セットまで）

ステップ 1

仰向けになり、脚を腰幅に開いて、膝を90度に曲げる。指先を後頭部にかけて両手で頭を挟み、脇をしめて肘を上に向ける。

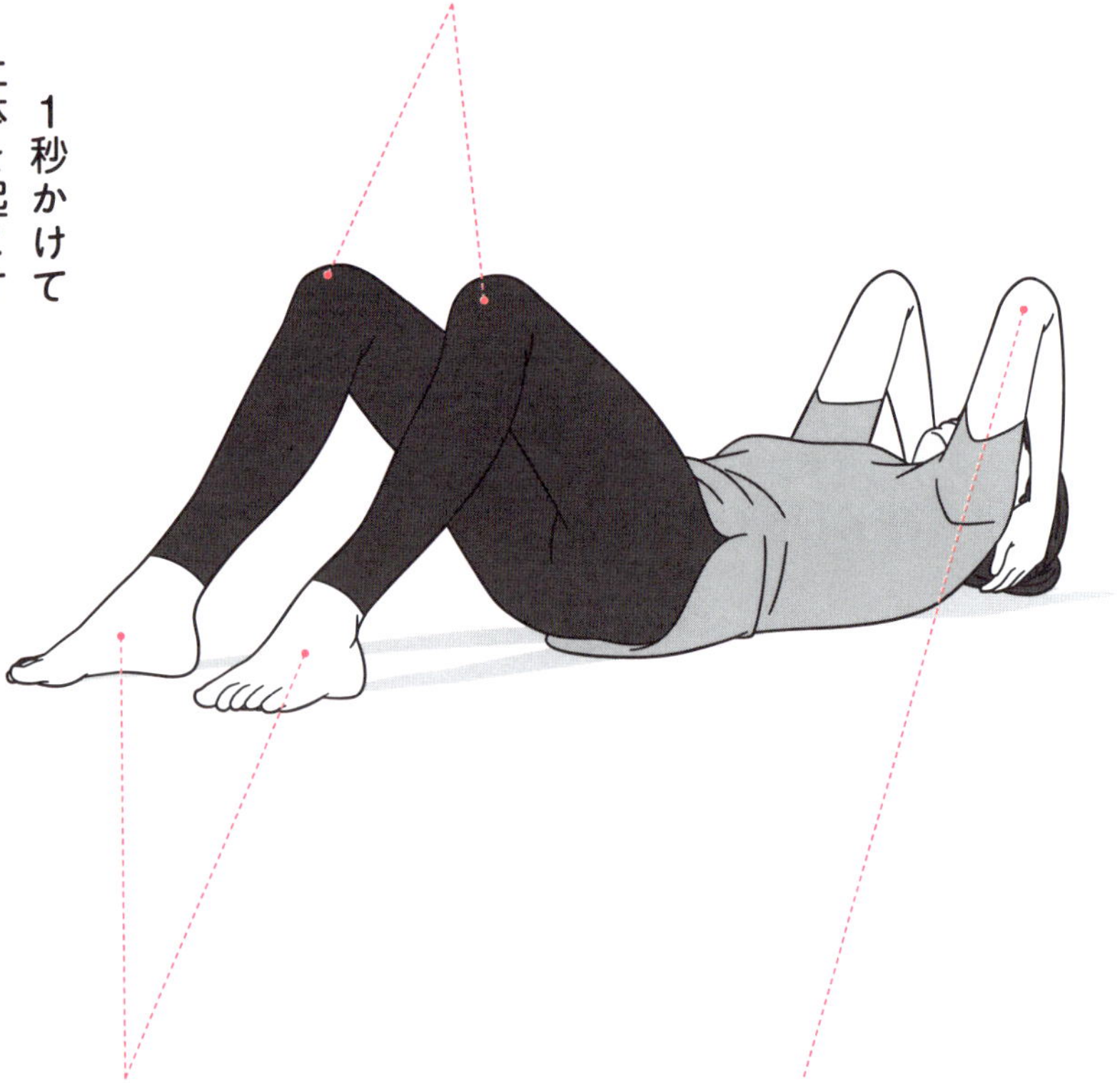

膝は90度に曲げる
1秒かけて
上体を起こす
（息を吐きながら）
脚は腰幅に開く
脇をしめ肘を天井に向ける

ステップ 2

1秒かけて息を吐きながら、脚が浮く手前までへそを軸にして背中を丸める。2～4秒かけて息を吸いながら元の形に戻る。これを4～10回で1セット。

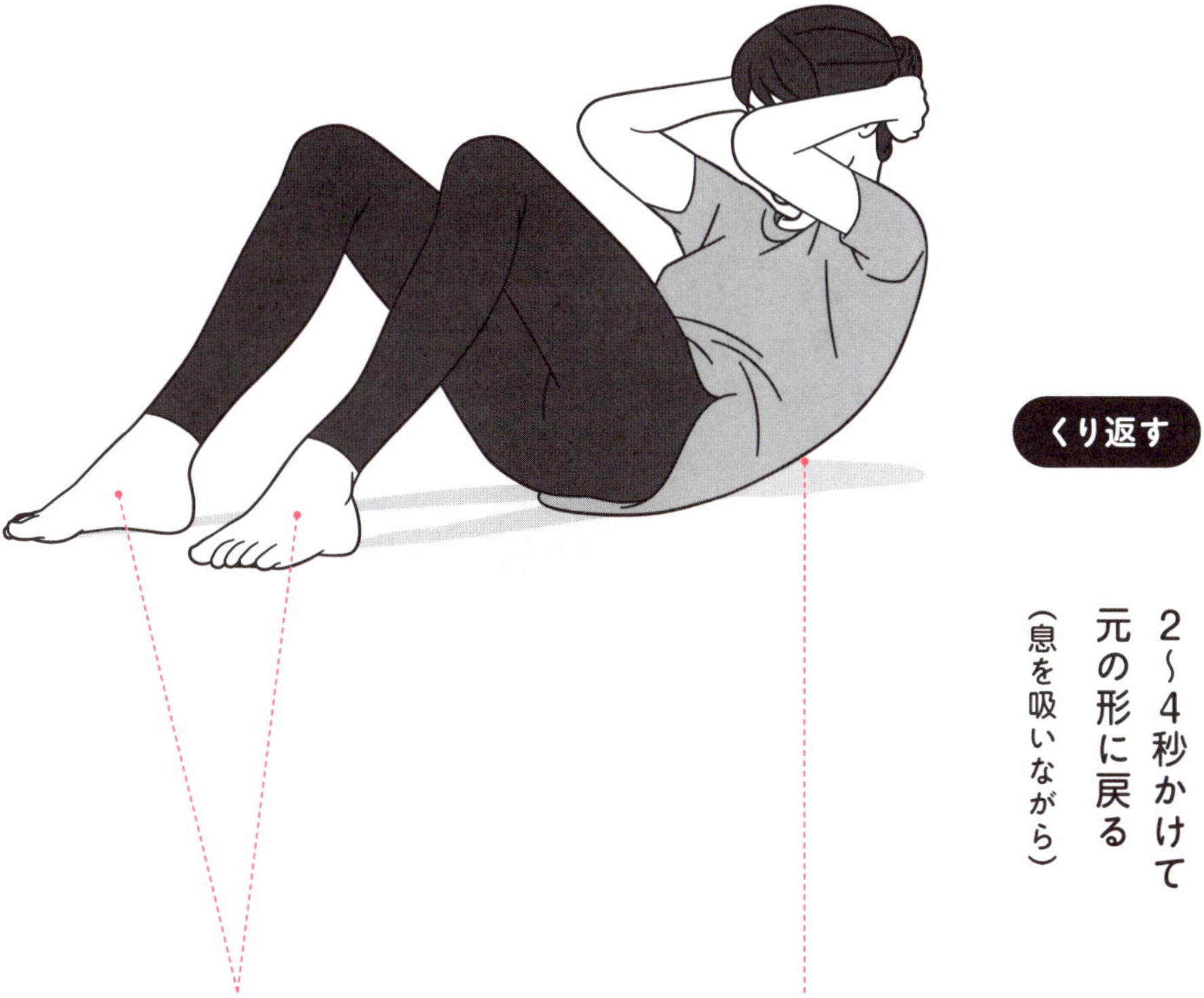
両脚は床から浮かさない
へそを軸に背中を丸める

トレーニング実践

魅力的な上半身をつくる「大胸筋トレ」

［1セット］
4～10回
休息1分
（3セットまで）

ステップ 1

両手を肩幅から手のひら2つ分ずつ外側につき、胸を張る。指先は45度外側に向けて指を大きく開く。脚を閉じて膝を直角に曲げ、頭から膝までをまっすぐに伸ばす。

2～4秒かけて
肘を曲げる
（息を吸いながら）

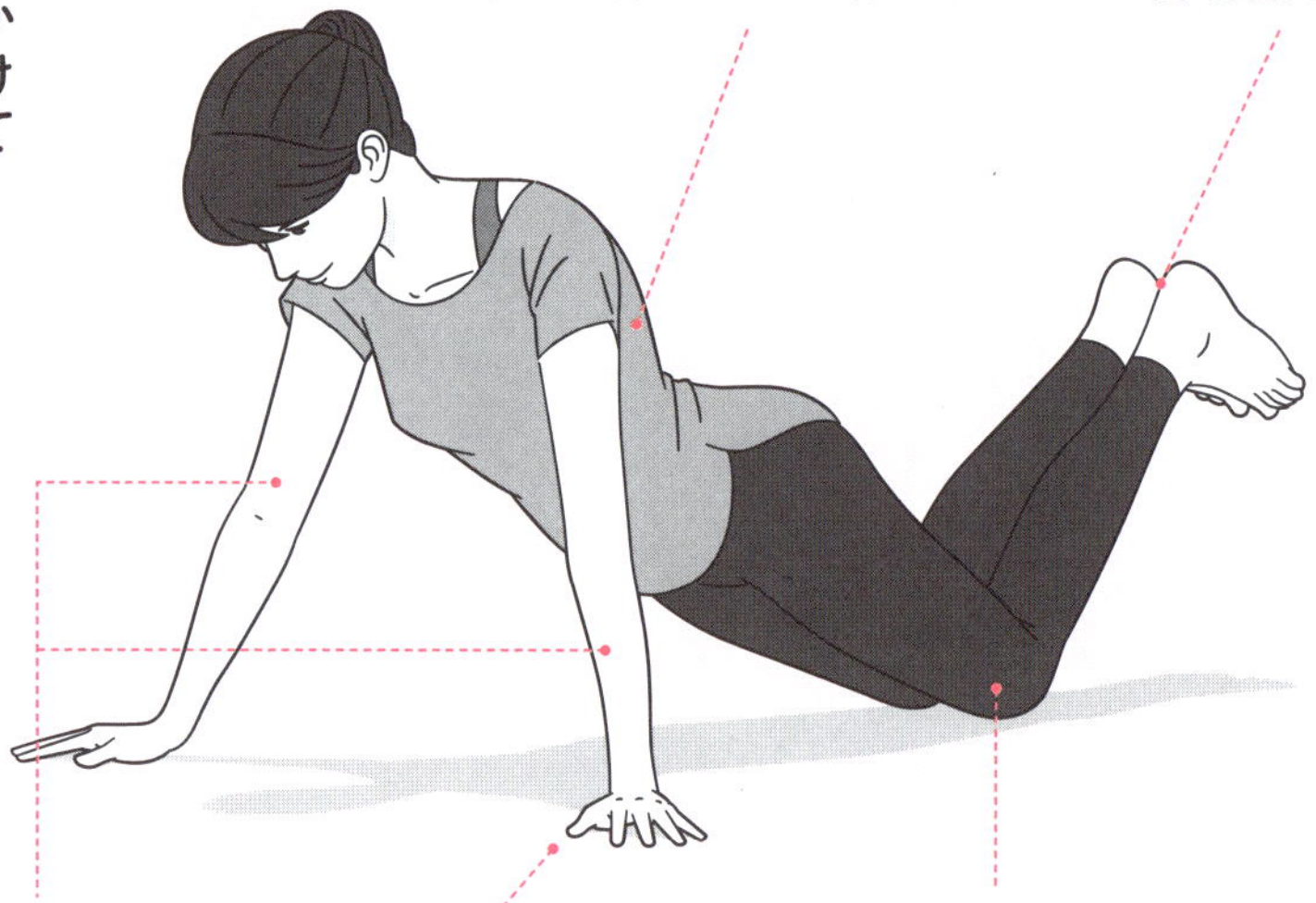

頭から膝まで一直線にする
脚を閉じる
両手を肩幅より
手のひら2つ分ずつ
外側につく
指の間を開き、
指先を45度外側に向ける

※床が硬い場合、膝下にクッションを置く

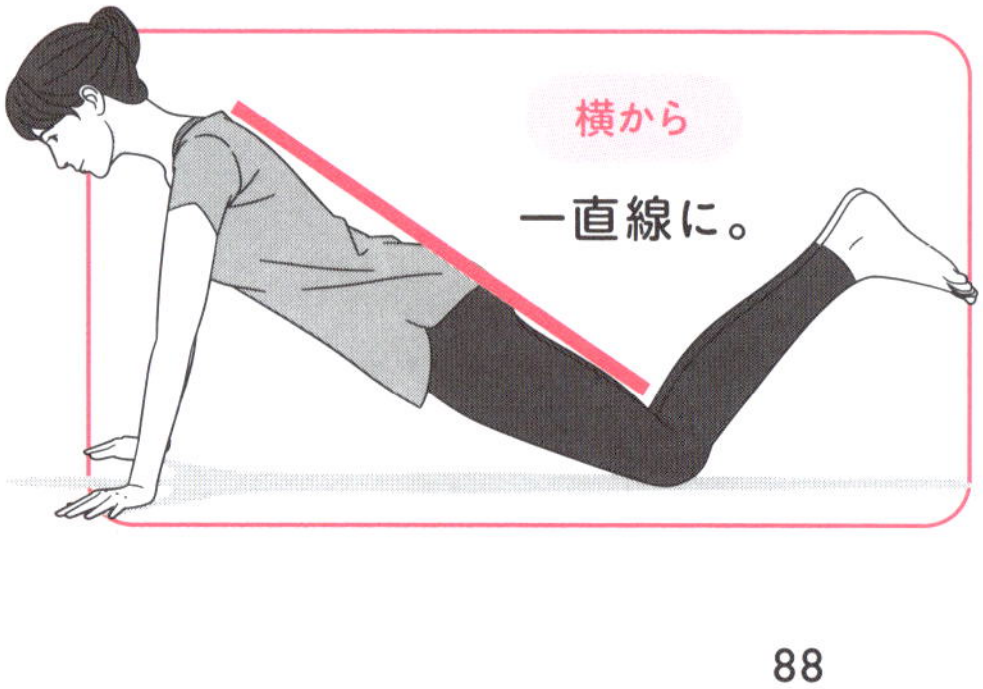

横から
一直線に。

ステップ 2 2〜4秒かけて息を吸いながら、肘を曲げて胸を床に近づける。1秒かけて息を吐きながら元の形に戻る。これを4〜10回で1セット。

くり返す

1秒かけて元の形に戻る
（息を吐きながら）

正面から

両肘を張ったまま
胸を床に近づける。

トレーニング実践

たくましい肩のシルエットをつくる「三角筋トレ」

［1セット］
4〜10回
休息1分
（3セットまで）

準備

両膝をついて肩幅に開く。つま先は立てる。手のひらは肩幅に開いて、肩の真下に置く。

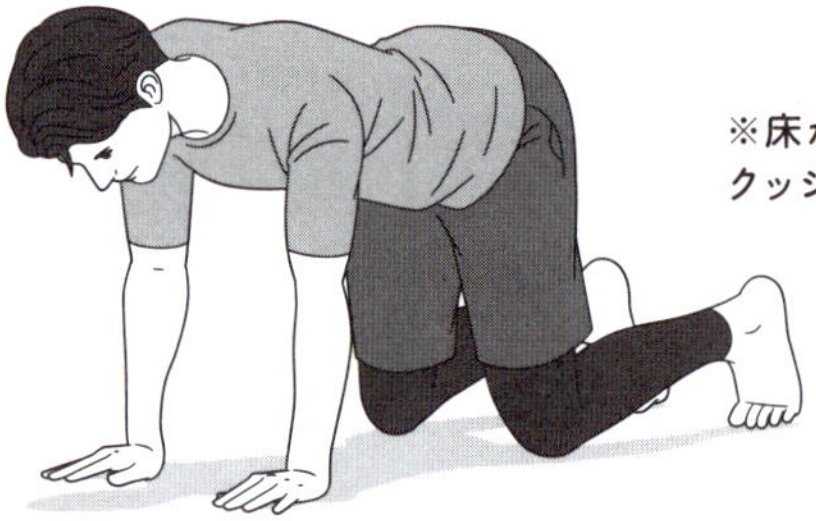
※床が硬い場合、膝下に
クッションを置く

2〜4秒かけて
膝を曲げ、
頭を床に近づける
（息を吸いながら）

ステップ 1

両手を肩幅より手のひら2つ分ずつ外側に開く。指先は45度外側に向け、指の間を開く。膝を伸ばして腰を高く上げ、つま先を立てて、頭を下げる。

耳の横に腕がくるまで
お尻を上げる
つま先は立てる

ステップ 2

2〜4秒かけて息を吸いながら、ゆっくりと肘を曲げ、頭を床に近づける。1秒かけて息を吐きながら元の形に戻る。これを4〜10回で1セット。

お尻は高く保ったままにする
くり返す
1秒かけて元の形に戻る
（息を吐きながら）

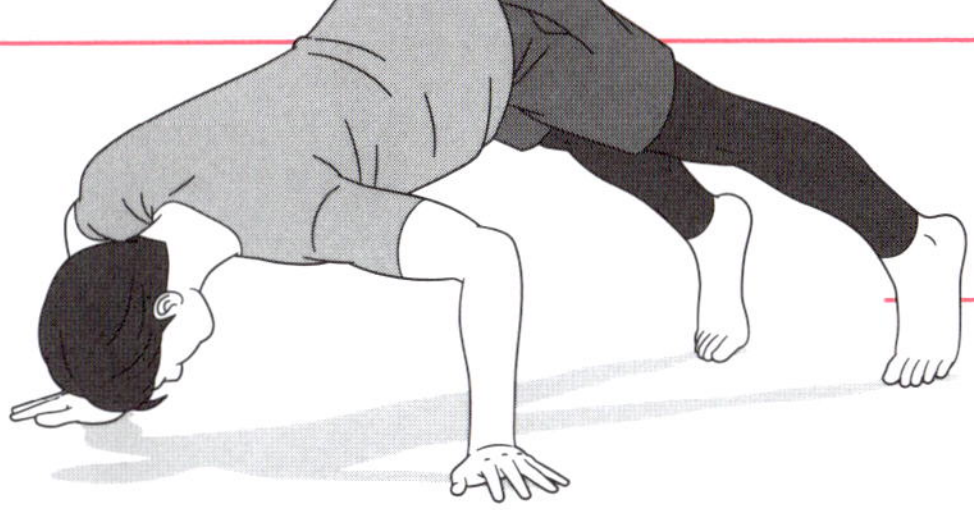

NG

お尻の位置が低いと三角筋が鍛えられず、肩に負担がかかる。

ストレッチをしないと筋トレは半分ムダになる

入浴はストレッチのあとに

筋肉はトレーニング中には成長しません。筋肉が成長するのは、休息中。つまり、副交感神経が優位になり、リラックスモードになっているとき。**筋トレのあとは体の活動スイッチを「オン」から「オフ」に切り替え、筋肉を脱力させる**ことが、筋肉を鍛える鉄則です。

そこで重要なのが筋トレ後のストレッチ。そもそもストレッチとは筋トレと真逆で、緊張した筋肉をできるだけ伸ばすことでリラックスさせるもの。ストレッチをしたあとは閉じていたホースが解放されるように、筋肉に血液がドバッと流れ込みます。すると、筋肉中にたまった疲労物質が速やかに除去され、筋肉の合成がスムーズになります。

また、**ストレッチは柔軟性を高めて正しい姿勢＝正しいフォームをつくるうえでも重要**です。スマートフォンなどの画面を見ることが多いと、どうしても頭が下に向き、猫背になりがちです。ストレッチによって縮んだ筋肉を伸ばし、姿勢を修正することで見た目に美しくなるのに加え、筋トレの正しいフォームがつくりやすくなります。

ちなみに**トレーニング後、すぐに入浴するのはNG！** 熱を逃がそうとして皮下や抹梢の血流が増え、その分筋肉の血流が減って疲労物質の除去が遅れます。トレーニング後はまずストレッチ。それから入浴すると疲れがとれやすく、筋トレの効果を最大限に引き出すことができます。

ストレッチの役割と効果

筋トレ後は体と心の活動スイッチを「オンからオフに」が大事！
緊張が高まった筋肉をストレッチで伸ばしてリラックス。

ストレッチのうれしい効果

- リラックスすることで筋肉が成長
- 柔軟性を高めて正しい姿勢をつくる

筋トレとストレッチはセットで効果倍増！

トレーニング後の入浴には注意！

トレーニング後すぐの入浴はNG！

1
体表や末端の
血流が促進される
2
筋肉の血流が減って
疲労物質が滞留する

ストレッチをしてから入浴しよう！

疲労回復が早まる　筋トレの効果が高まる

トレーニング後のストレッチ

おなか伸ばし

［1セット］
10秒
（3セットまで）

ステップ 1

うつ伏せになり、脚を腰幅に開いて体をまっすぐに伸ばす。脇を締めて肘を曲げ、両手を顔の横に置く。

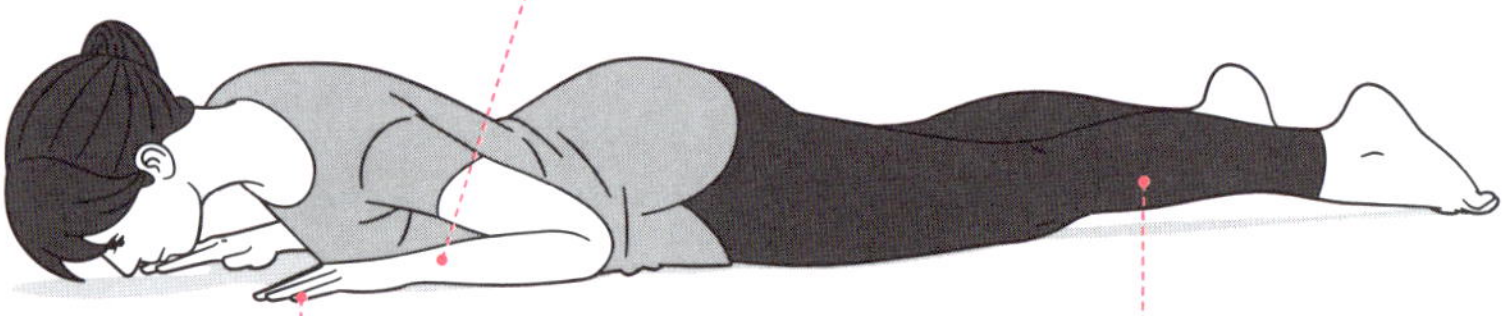
顔の横に手を置く
脇を締めて両腕を平行に置く
脚を腰幅くらいに開く

ステップ 2

顔と胸を引き上げて上体を反らし、肘が肩の下にくるように微調整する。骨盤を床にぴったりとくっつけたまま、楽に呼吸をしながら10秒キープ。

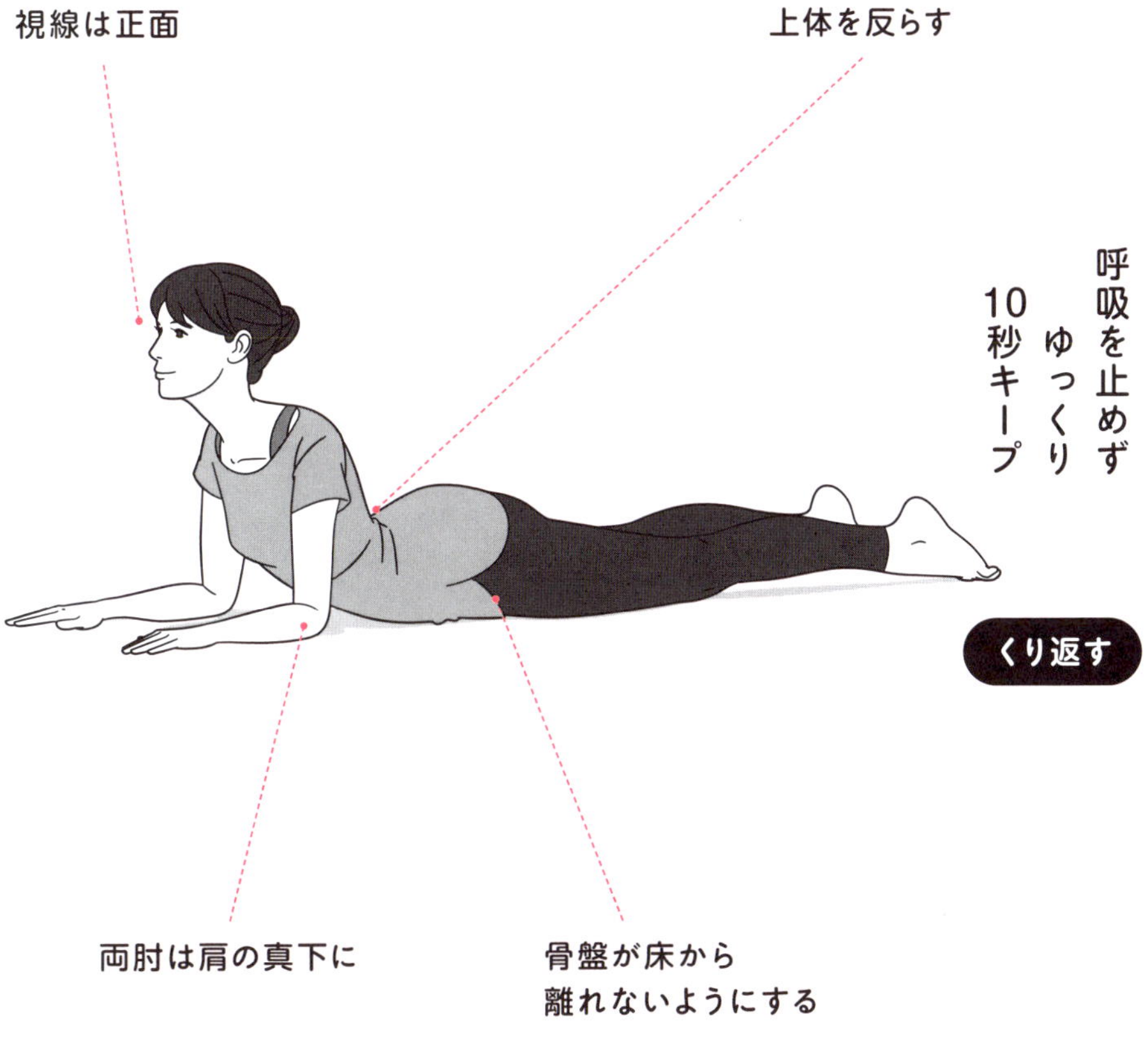
視線は正面
上体を反らす
呼吸を止めず
ゆっくり
10秒キープ
くり返す
両肘は肩の真下に
骨盤が床から
離れないようにする

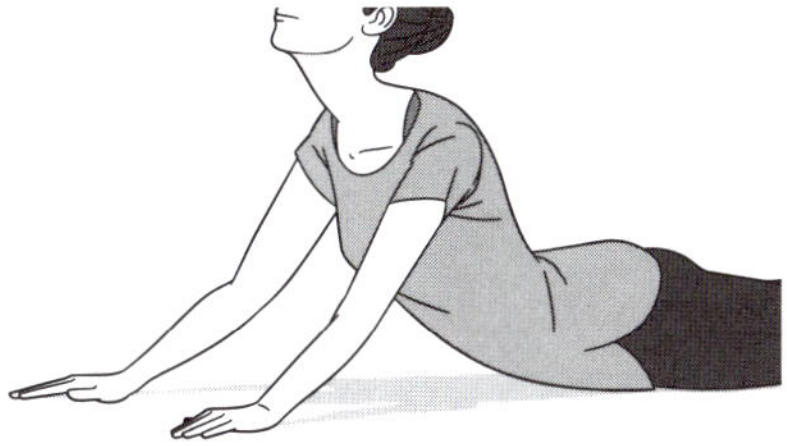

レベルアップ

より腹の筋肉を伸ばしたい場合、
手の位置はそのままにして肘を伸ばす。

トレーニング後のストレッチ

お尻伸ばし

［1セット］
10秒×左右
（3セットまで）

ステップ 1

仰向けになって体をまっすぐに伸ばす。両腕は下に伸ばして床に置き、片脚を上げて膝を90度に曲げる。

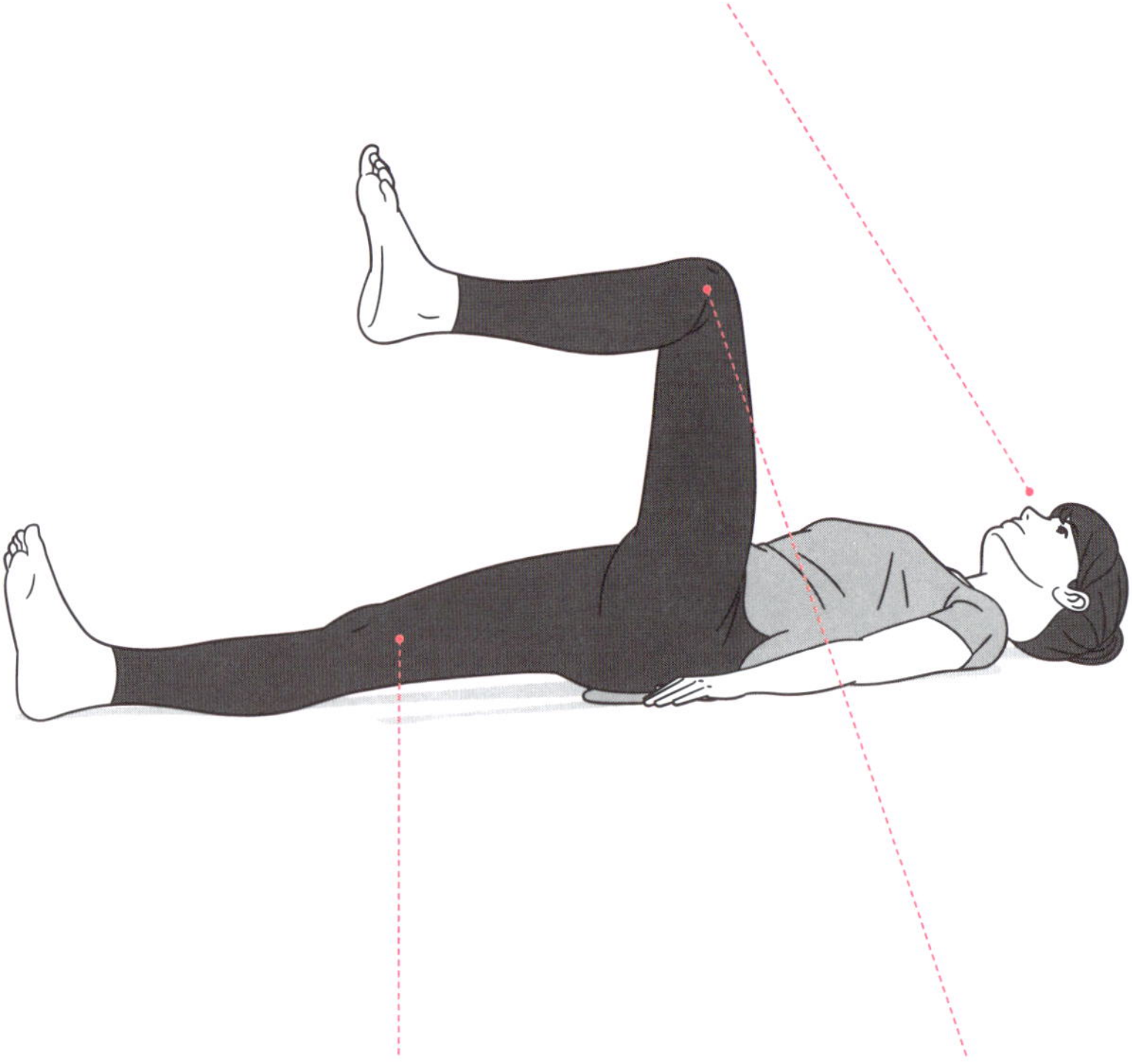
視線は天井に向ける
床に置いた脚はまっすぐに伸ばす
片脚を90度曲げる

ステップ 2 曲げた片脚を両手で抱え、膝を胸にゆっくり引き寄せる。お尻が床から浮かないように、片方の脚はまっすぐ伸ばしたまま10秒キープ。反対側も同様に行う。

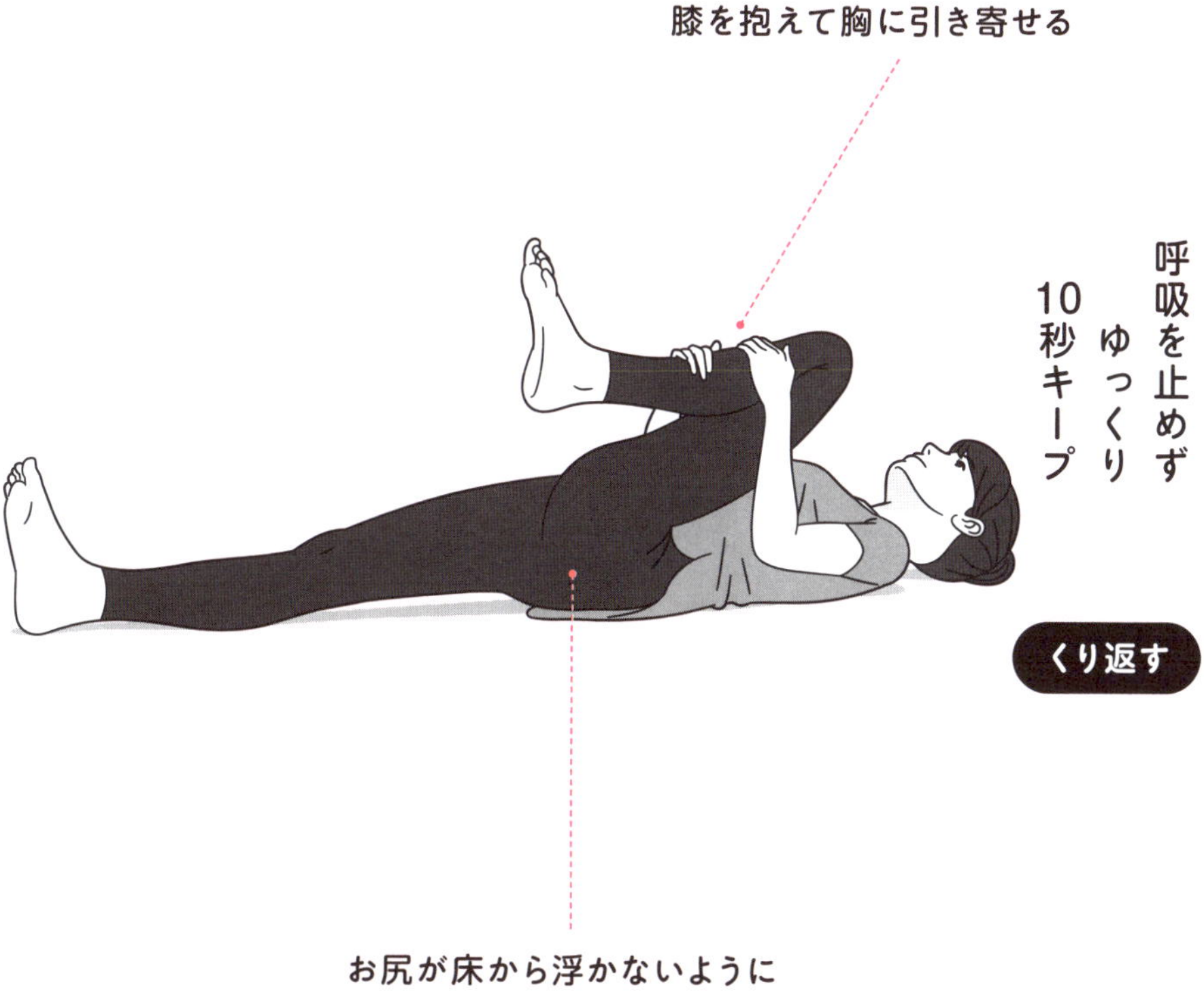
膝を抱えて胸に引き寄せる
呼吸を止めず
ゆっくり
10秒キープ
くり返す
お尻が床から浮かないように

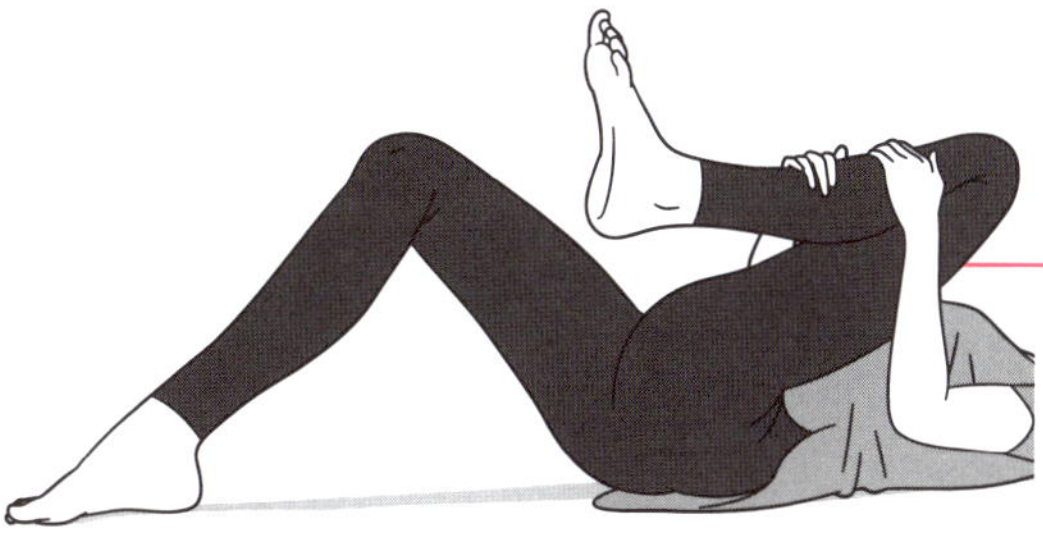

NG

床に置いた脚はまっすぐ伸ばす。膝を曲げると骨盤が後ろに傾いて、お尻の筋肉が伸びにくい。

筋肉は子どもからシニアまで一生役立つ

安全に、ケガなく筋肉を鍛える

筋肉は生きるために不可欠なもの。筋肉は体を動かす「運動装置」であるとともに、体温を生み出す「発熱装置」だからです。

従来、子どもは駆けっこなどの運動遊びを通じて体の使い方を習得しながら、自然と筋肉を鍛えることができていました。しかし、文部科学省によると、**2019年から小・中学生ともに体力テストの合計点が低下**しています。これは近年、子どもを取り巻く環境が激変し、外遊びやスポーツの機会が減少したことが一因と考えられます。

この問題を解決するために子どもも意識的に運動し、筋肉を鍛える必要があります。バスケットボールやサッカーなど**2種目以上のスポーツ実践が理想ですが、100～103ページで紹介するランニング・エクササイズを週2～3回実践する**だけでも運動能力と筋肉量の向上がはかれます。

また、筋肉量は20歳をピークとし、何も手を打たなければ年間で0.5％減少、50歳以降では1％以上も減っていくといわれています。筋力の衰えは、生活習慣病や介護のリスクに直結します。

しかし、中高年が急にスポーツを始めるとつまずきや転倒などによるケガのリスクが大。安全に筋肉を鍛えるためには、シンプルな動作からなるトレーニングが最適です。**104～105ページで、日常生活の中で効率よく、最も大事な下半身の筋肉を鍛える方法を紹介**します。

子どもの運動量と体力が減っている

昔

駆けっこなどの運動遊びで
筋肉を鍛えられた

今

外遊びやスポーツの機会が
減少し体力低下

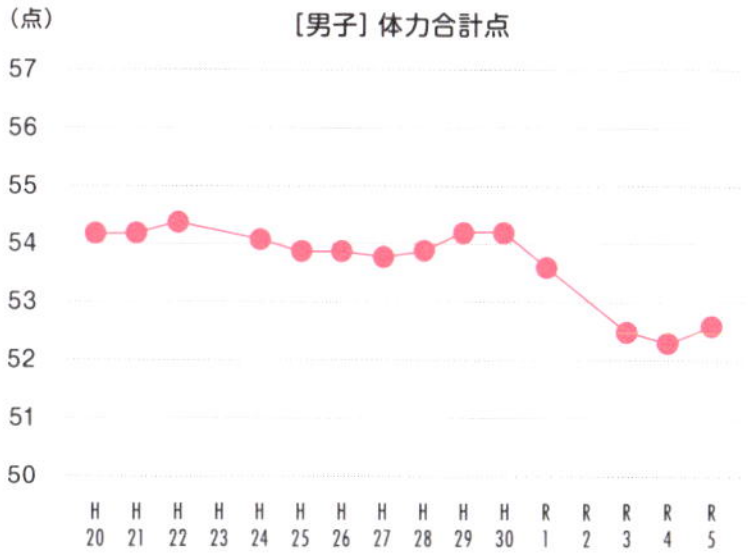

出典:令和5年度全国体力・運動能力、運動習慣等調査結果(スポーツ庁)

子どももシニアも意識的な運動が健康のカギ

子どもの意識的な運動

・2種目以上のスポーツ、または
・ランニング・エクササイズを週2～3回

シニアの意識的な運動

・日常生活で体を動かす機会を増やす
・下半身を鍛える階段トレーニング

トレーニング実践

子どもの運動能力が爆上がりする ランニング・エクササイズ①

ステップ 1

つま先と膝を正面に向け、脚幅をできるだけ狭くして立つ。一方のかかとを高く上げて膝を前に出し、肘を曲げて腕を逆側に振って構える。

［1セット］
30回
休息30秒
（3セットまで）
週2～3回

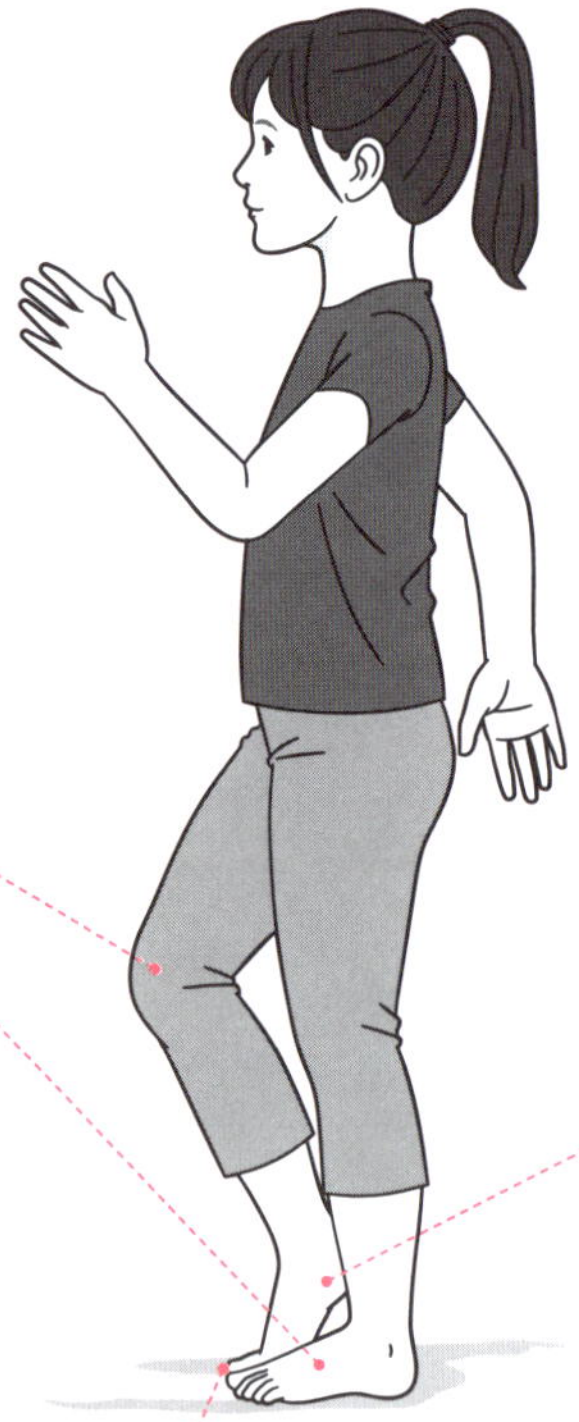
両脚の人差し指と
膝を正面に向ける
つま先は
床につけたまま、
かかとを高く上げる
脚の親指のつけ根を意識して立つ

ステップ 2

1秒に2〜4回（左右1回ずつ）のペースで腕を振りながら、左右交互に脚の拇趾球（親指の付け根部分）でしっかり床を押して、かかとをできるだけ高く上げる。これを1セットで左右計30回くり返す。

- 1セット目は1秒に2回のペースで行う
- 2セット目は1秒に3回のペースで行う
- 3セット目は1秒に4回のペースで行う

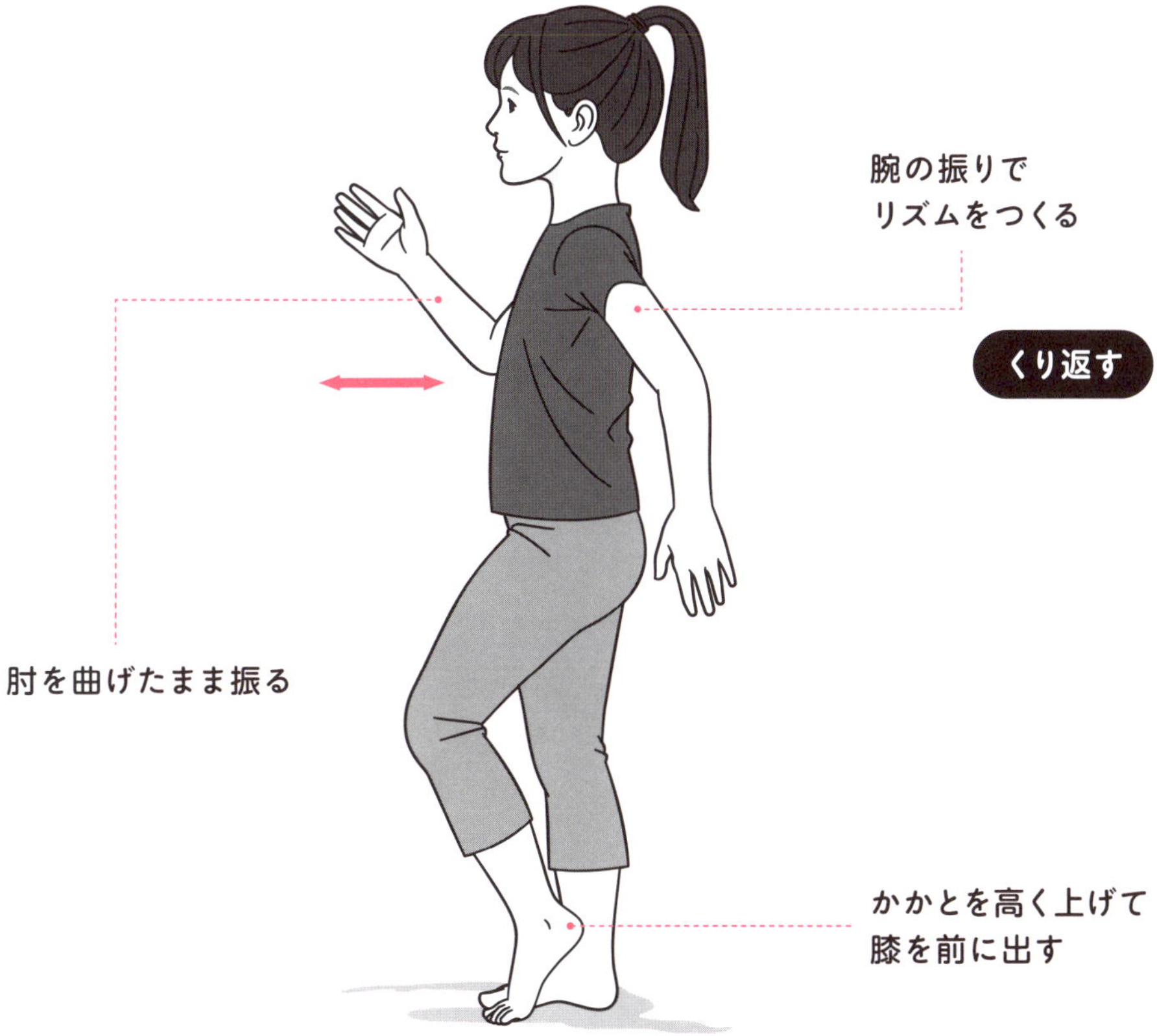
腕の振りで
リズムをつくる
くり返す
肘を曲げたまま振る
かかとを高く上げて
膝を前に出す

※ 鏡の前で脚の位置と向き、全身の動きを確認しながら行うと○

トレーニング実践

子どもの運動能力が爆上がりする ランニング・エクササイズ②

［１セット］
20回
（10〜20秒）
×左右
休息30秒
（３セットまで）
週2〜3回

ステップ 1

つま先と膝を正面に向けて立ち、片膝を曲げ、反対の脚を後方に引く。腕は直角に曲げて脚と逆に振って構える。

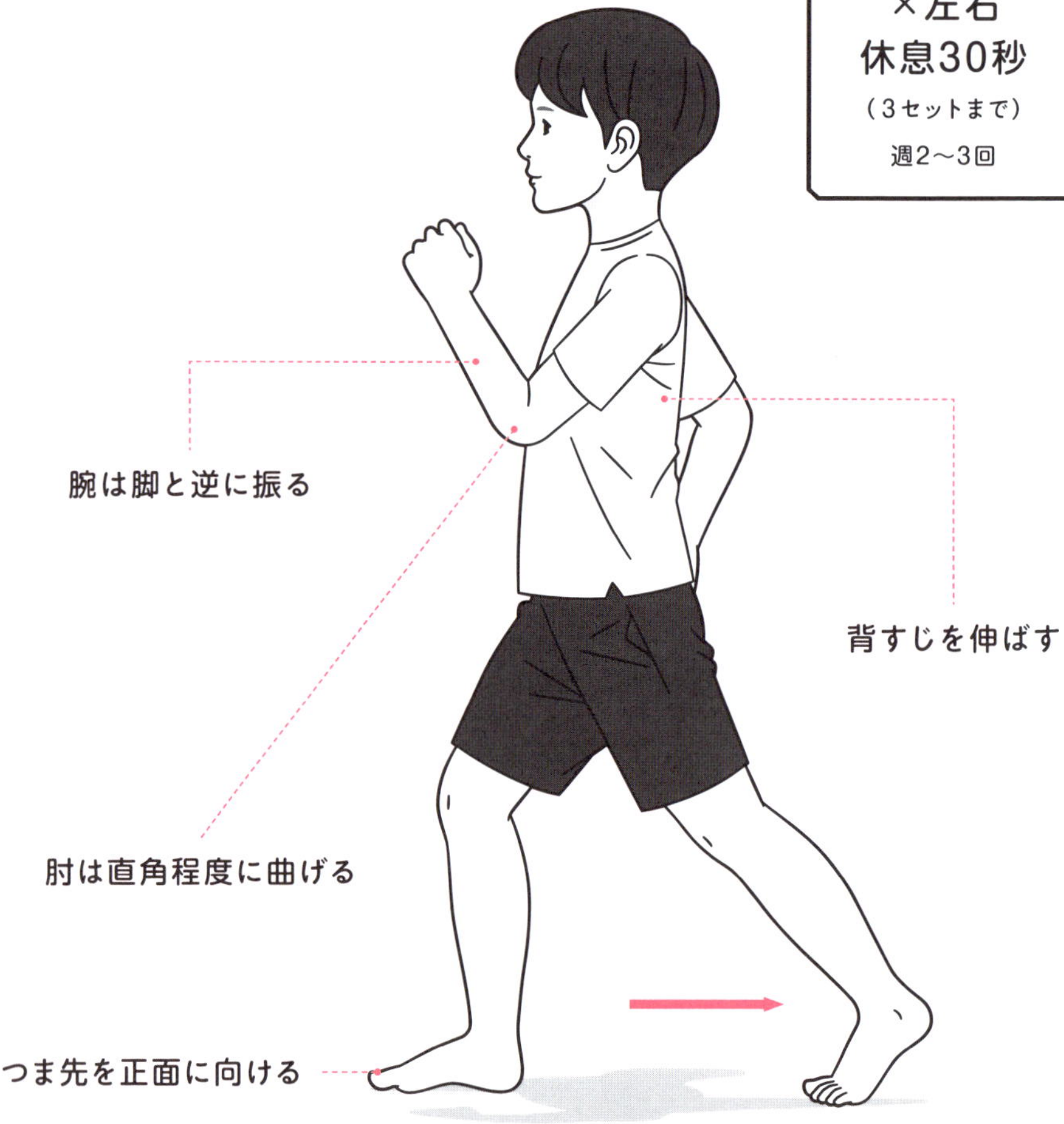
腕は脚と逆に振る
背すじを伸ばす
肘は直角程度に曲げる
つま先を正面に向ける

ステップ 2

後方の脚の拇趾球（親指の付け根部分）で床を蹴って、膝を引き上げ、すぐに元の形に戻る。腕は脚の動きと逆に振る。これを1秒に1〜2回のペースで20回（10〜20秒）くり返し、左右を変えて同様に行う。

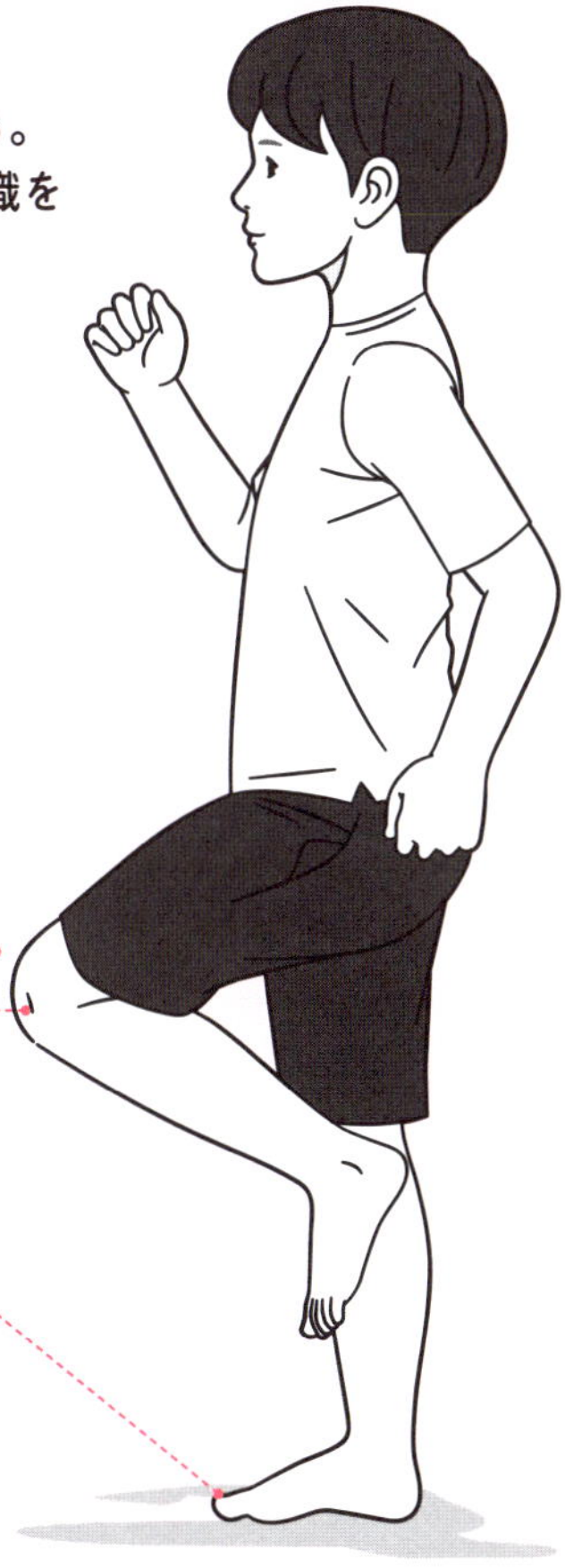

床を蹴ることで、膝を自然に上げる。アキレス腱のバネを使うように意識を

くり返す

膝とつま先は
正面に向ける

※ 鏡の前で脚の位置と向き、全身の動きを確認しながら行うと○

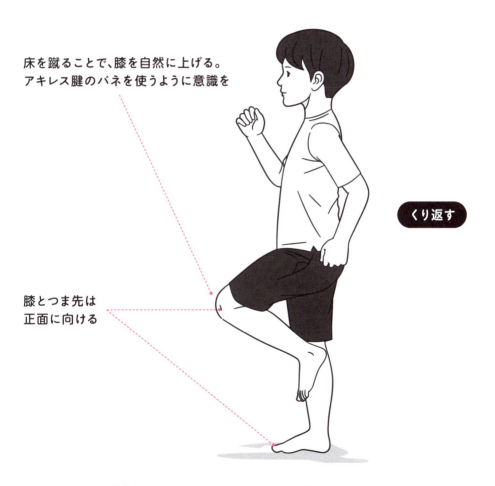

トレーニング実践

一生歩ける足腰になる階段トレーニング

［1セット］
下り
2～4フロア
上り
1～2フロア
週2～3回

階段下り

人の往来のない階段を利用する。上半身が床と垂直になるよう背すじを伸ばし、斜め下を見ながら、つま先と膝を正面に向けて一歩ずつ、ゆっくり下る。

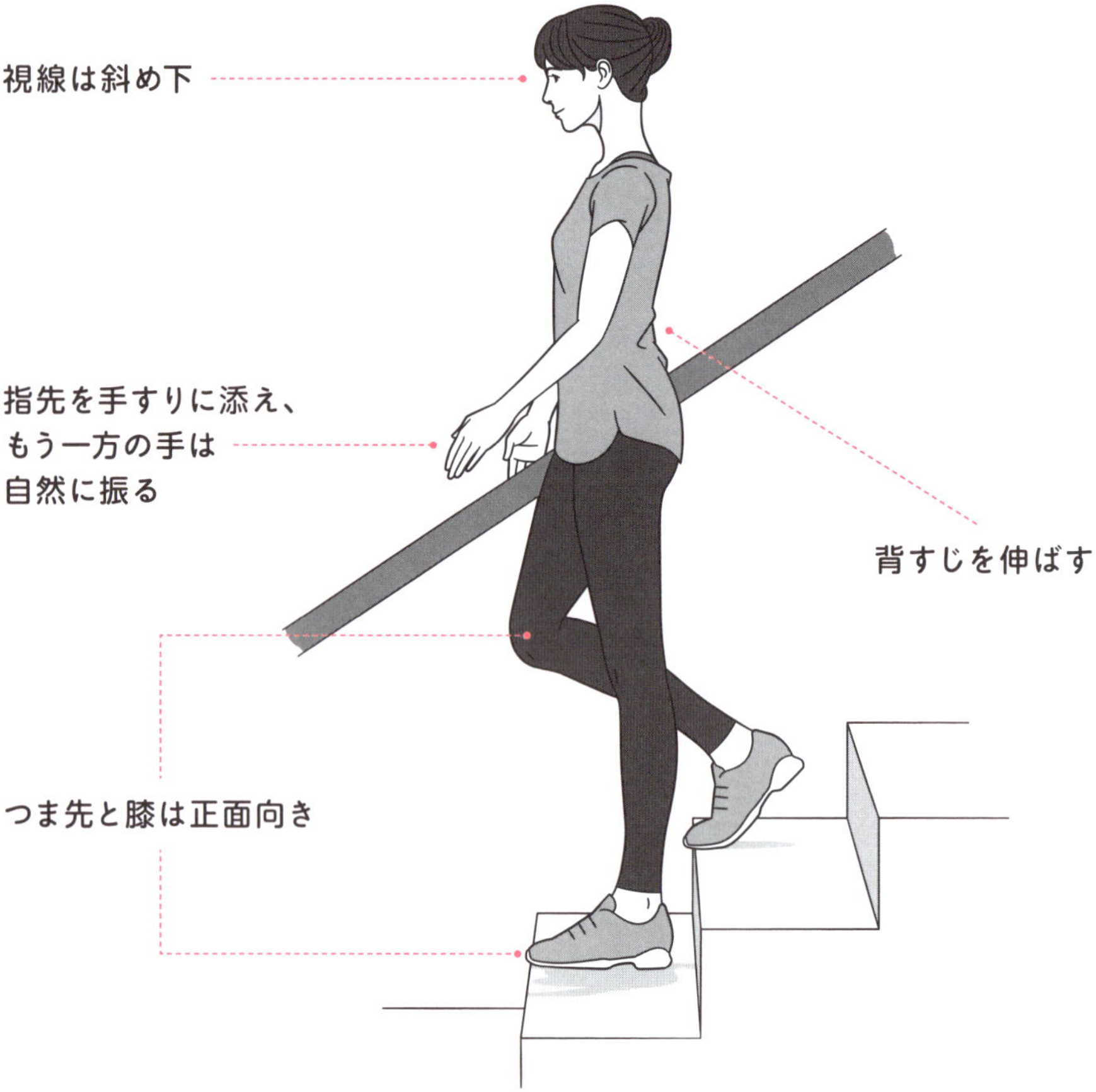

視線は斜め下
指先を手すりに添え、もう一方の手は自然に振る
背すじを伸ばす
つま先と膝は正面向き

階段上り

階段を前にして立って2段目に左脚を乗せる。できるだけ左側のお尻と太ももの筋肉だけで体を引き上げる。両脚をそろえてから、右脚で同様に上る。

片手は手すりに軽く触れる
背すじを伸ばしたまま、
やや前傾姿勢に
前側の脚の力で上る
つま先とひざは正面向き

COLUMN

「やる気」はやり始めると湧いてくる

仕事や家事で体を酷使していた時代の疲労は動的疲労で、その解消には静的休養、つまり座ったり寝転がったりして体を安静にすることが有効です。これに対して、イスに座ったまま同じ姿勢を何時間も続ける現代で起こるのは静的疲労。血液循環が滞って疲労物質がたまることで起こります。これを解消するために必要なのは動的休養。つまり、体を適度に動かして血液の循環を促し、疲労物質の除去を早めることが有効です。

その意味でも本書で紹介する筋トレは効果的です。とはいえ、心身ともに疲れているときには気持ち的にやる気が起きないこともあるでしょう。そんなときは億劫でも1種目、1セットだけやってみてください。少し心身ともにスッキリして、もう少しやりたくなり、やるほどに疲労感が抜けてやる気が湧いてくることでしょう。そして気がつけば全種目制覇しているかもしれません。

第4章

効率よく体をつくる

食べ方と栄養の話

タンパク質をしっかり摂らないと筋トレしても効果は半減

筋肉をつくるのはタンパク質

筋肉をつけて理想のボディを手に入れるには、運動だけでなく食事も大きな要素。でも安易な食事制限は失敗のもと。まず正しい栄養の知識の確認が必要です。食事の基本はエネルギーになる糖質、細胞膜やホルモンなどの材料となる脂質、そして体をつくるタンパク質の3つのバランスが大事。特にタンパク質は、人間の体に37兆個あるといわれる細胞の主成分。皮膚、髪の毛、内臓から赤血球に至るまで、タンパク質のかたまりです。筋肉も同様。つまり**筋肉の材料となるタンパク質がなければ、筋トレをしても筋肉は増えない**のです。

また、**タンパク質を構成するアミノ酸は筋肉の合成を促すインスリン、IGF-1、そしてIGF-1の分泌を促すホルモンの材料**でもあります。この意味でも、タンパク質が豊富な食品を毎食欠かさず摂ることが不可欠です。

とはいえ、糖質や脂質を疎かにして極端に減らすのも誤りです。糖質を摂ることでインスリンが分泌されて、筋肉の合成が促されます。また、脂質は性ホルモンの材料ですから、不足すると筋肉を合成させる男性ホルモンが不足します。女性の場合、女性ホルモン不足により、骨密度の低下、月経不順を招き、摂食障害の引き金にもなります。

肝心なのは、「主食、主菜、副菜、汁物」の食事の基本を守りつつ、甘いお菓子や清涼飲料水、アルコールなどを控えることです。

カロリー制限ではなく、正しく栄養を摂る

バランスのよい食事の基本

タンパク質
体（細胞）をつくる

糖質
主要なエネルギー源

脂質
細胞膜、ホルモンの材料

※糖質＋食物繊維＝炭水化物

特に筋肉をつくるために重要なのがタンパク質！

筋肉、皮膚、髪の毛、内臓からホルモンや血球に至るまで、体の主成分はタンパク質。

材料となるタンパク質がなければ、筋トレをしても筋肉は増えない

タンパク質を構成するアミノ酸が重要！

人の体を構成するアミノ酸は20種類

必須アミノ酸：9種類
体の中で合成できないアミノ酸

非必須アミノ酸：11種類
体の中で合成できるアミノ酸

必須アミノ酸は食事から摂取しなければならない

毎食タンパク質豊富な食品を摂って筋肉量を増やそう

肉

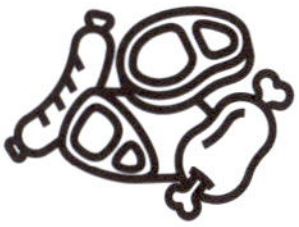

魚

鶏卵

牛乳・乳製品

大豆・大豆製品

1日どのくらいのタンパク質を食べれば筋トレに効果があるの？

個人差はあるけれど、体重1kgあたり1.6gが目安

タンパク質を摂ることが大切なのはわかったけれど、それでは実際にどのくらい摂ればよいのでしょうか。タンパク質の推定平均必要量は「体重×0・66」g、理想的には「体重×0・93」gとされています。ですがこれは特別に運動をしていない場合の数値。筋トレで筋肉を増やすためには、それに必要なタンパク質を摂る必要があります。**筋トレで筋肉を増やすには体重1kgにつき1.6〜1.7gが目安となります。**ただし、食事を制限すると筋肉の分解が進みやすいため体重1kgにつき1.8〜2.0gが必要です。60kgの女性なら、108〜120gですから、一食あたり36〜40gの計算です。体重80kgの男性なら、144〜160g、一食あたり48〜53gの計算となります。

ですが、**体が一度に吸収できるタンパク質は40gが上限といわれています。**それ以上に摂取しても吸収できず、体外に排泄する際に腎臓に負担がかかります。またタンパク質は悪玉菌が好むので、腸内環境の悪化にもつながります。効率よくタンパク質を摂り込むなら、お昼と夜の間の間食にタンパク質を含む食品を摂って、一食あたりのタンパク質量を適量におさえることです。

とはいえ、食事を栄養素の単位で考えるのは現実的ではありません。**簡単にいえば、肉、魚、大豆製品などの主菜をいつもの食事量の1.5〜2倍摂れば、必要量を得られる**と考えてください。

タンパク質はどのくらい摂ればよい？

理想の平均摂取量

運動の種類	体重1kgに対してのタンパク質量
筋トレ	体重×1.6〜1.7g／食事制限あり 体重×1.8〜2.0g
ランニング	体重×1.2〜1.4g
重い負荷をかける運動	体重×1.8〜2.0g
特別に運動はしない	体重×0.93g

筋トレをしている人の場合
体重60kgなら必要なタンパク質は1日108〜120g

1食30〜40gのタンパク質を目安にしよう

食品に含まれるタンパク質量（g）

卵	1個	6
牛乳	コップ1杯	6
ヨーグルト	100g	3
牛サーロイン	200g	33
牛丼	並1杯	17
ホットドッグ	1個	12
鶏ささみ	1本	9
サンマ	1尾	35
サケ	1切れ	15
ツナ缶	1缶	12
ウナギ蒲焼き	1枚	20
納豆	1パック	8
木綿豆腐	1丁	21

体が一度に吸収できるタンパク質の上限は40g
↓
「3食＋間食」で効率よく消化吸収できる

いろいろな
食べ物から
摂取しよう！

1食30〜40gを目安にすればOK

出典：文部科学省「日本食品標準成分表（八訂）増補2023年」ならびに市販品の情報をもとに作成

自分の体ではつくることができない栄養素を優先的に摂ろう

動物性と植物性タンパク質をバランスよく

タンパク質であれば何を食べても同じでしょうか？　109ページでお伝えした、**体の中ではつくれない9種類の必須アミノ酸をバランスよく持つ食品を選ぶ**ことが大切です。そのときに役立つのがアミノ酸スコアです。これは食品に含まれる9種類の必須アミノ酸が必要摂取量を満たしているかどうかを表した数値。**すべてが一定の基準値を超えていればアミノ酸スコアは100となり、体内での利用効率は高く**なります。逆にどれか1つでも少ないと、利用効率は低いアミノ酸に応じて低くなります。この際、利用できないほかのアミノ酸は腎臓でろ過された後に排出されるので、腎臓に負担がかかります。

アミノ酸スコアが100の食材は肉や魚、乳製品、卵などの動物性タンパク質です。しかしそれだけでなく**植物性タンパク質の代表・大豆製品も一日一品は摂りましょう。**その理由は、日本人には動物性タンパク質より植物性タンパク質を消化する酵素が多く、腸の負担が少ないから。また大豆タンパク質は、コレステロールがなく低カロリー、腸内環境を整える食物繊維が豊富といいことずくめ。女性ホルモンを補う働きをするイソフラボンも含まれます。大豆のアミノ酸スコアは86ですが、動物性タンパク質と一緒に摂ると、使用されなかった動物性タンパク質のアミノ酸が植物性タンパク質の不足部分を補ってくれます。

必須アミノ酸のバランスがよい食品を選ぶ

食品に含まれる9種類の必須アミノ酸が必要摂取量を満たしているかどうかをあらわした数値「アミノ酸スコア」を参考にしよう。

アミノ酸スコア

9枚の板でつくられた桶のようなイメージ。
板の高さが低いところがあれば、そこまでしか水がくめない。

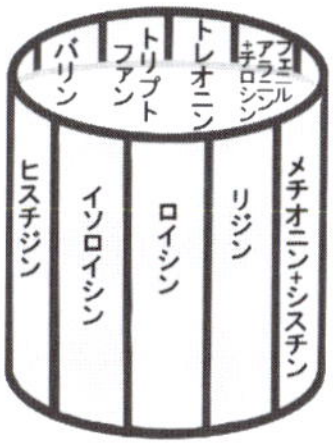

アミノ酸スコア100

すべてが基準値を超えていればアミノ酸スコア100となり、体内での利用効率は高くなる。

低いアミノ酸がある

どれか1つでも少ないと、利用効率は低いアミノ酸に準じて低くなる。

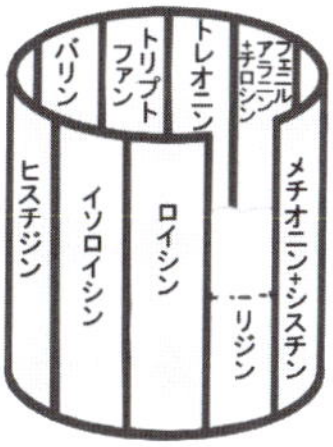

動物性、植物性どちらもバランスよく摂ろう

動物性タンパク質だけじゃなく植物性タンパク質も大事！

植物性タンパク質の代表

大豆

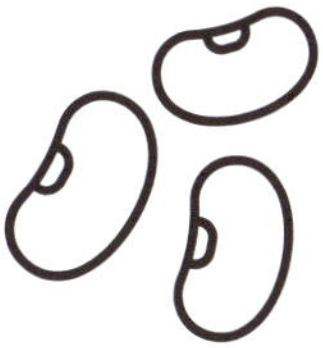

大豆タンパク質のいいところ

- 消化・吸収する腸の負担が少ない
- コレステロールがなく、低カロリー
- 腸内環境を整える食物繊維が豊富
- 女性ホルモンを補足するイソフラボンを含む

納豆　豆乳　煮豆　豆腐　みそ　油揚げ　きな粉

日本人には大豆タンパク質を消化する酵素が多く備わっている！

動物性タンパク質と組み合わせて摂ろう

糖質制限をすると筋肉が分解されていく

糖質を摂らないと肌や髪の美容にも悪影響

近年、流行したダイエット法の1つが糖質制限です。ごはんやパン、イモ類やトウモロコシなどの糖質の多い食品を避けて、その代わりに脂質やタンパク質をたくさん摂るという食事法です。

しかし、**健康的に筋肉をつけたければ糖質制限はNG**です。脂質を多く摂るとケトン体という老廃物が増えて、さまざまな健康上のリスクをもたらします。また、タンパク質を大量に摂ると腎臓に負担がかかり、腸内環境が悪化しやすくなります。**そもそも糖質を摂らないと筋肉づくりを促すホルモン、インスリンが分泌されないため、筋肉がつきにくいのです。**筋肉がつきにくくなるもう1つの理由があります。**極端に糖質の補給を減らすと、コルチゾールというホルモンが分泌され、それが筋肉を分解して糖に変換**させてしまうことです。

また糖質は1gあたり3gの水と結びつくという性質を持っています。ですから体の中の糖質が減ると、体内水分量が不足して髪の毛や肌もカサカサになってしまいます。

主食としてごはんやパンを摂ることに問題はありません。ただし、「うどん＋いなり寿司」「ごはん＋お好み焼き」「パスタ＋パン」「焼きそばパン」など主食の二重摂りは避けるべきです。イモ類やトウモロコシ、マカロニなどをおかずにするのも避けましょう。

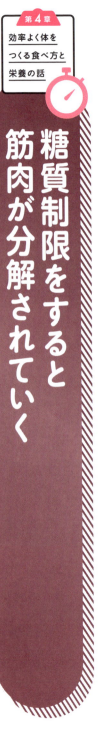

エネルギー源の半分は糖質

理想的な「糖質・脂質・タンパク質」の割合

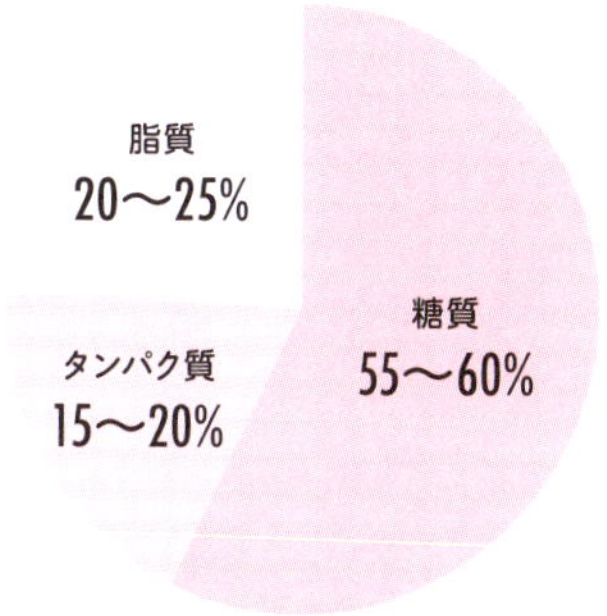
脂質
20〜25%
タンパク質
15〜20%
糖質
55〜60%

エネルギーの約半分は
糖質でまかなわれる

糖質をカットして、脂質とタンパク質を多くすると…

- ケトン体が増えて健康に支障をきたす
- 腎臓に負担がかかり腸内環境も悪化

出典：「日本人の食事摂取基準（2020年版）」をもとに作成

安易な糖質制限は落とし穴に！

糖質制限ダイエット

ごはんやパン、イモ類やトウモロコシなど糖質の多い食品を避けて、脂質とタンパク質をたくさん摂る。

糖質制限をすると筋肉が増えにくい…なぜ？

糖質制限で筋肉が増えない理由

理由1
筋肉の合成を促すインスリンが分泌されない

↓

理由2
血糖値を上げるホルモンの分泌が増加

↓

筋肉の分解が進んでしまう！

さらに…
タンパク質を排泄するために腎臓に余分な負担がかかったり、水分が失われて髪の毛や肌もカサカサに。

極端な糖質制限は×

ケガのない筋肉をつくるためにビタミンCを摂ろう

上質な筋肉のためには野菜や果物も必要

筋肉をつくるにはタンパク質を摂ることが必須ですが、それだけでは不十分。ケガなくトレーニングを続けるにはビタミンCも大事になります。筋肉の発達には2種類あり、1つは筋肉の細胞が増える筋線維の増加、もう1つは筋線維が太くなる筋肥大です。人の場合、筋トレによる筋肉の発達はこの筋肥大が中心です。筋線維が太くなると、筋線維同士や筋肉を包んでいる筋膜との間に隙間ができやすくなり、その結果、筋線維同士が剥がれたり、筋膜の損傷を招いたり、いわゆる肉ばなれが起こりやすくなってしまうのです。

肉ばなれを防ぐにはビタミンCをたっぷり含む野菜や果物を摂ることが効果的。ビタミンCには保水力があり、筋肉の粘度を上げて筋肉同士を剥がれにくくします。また筋膜や腱、じん帯を構成するコラーゲンをつくる働きを促してもくれます。

ビタミンCが多い野菜はパプリカ、ピーマン、芽キャベツ、ブロッコリーなど。果物ならレモン、キウイ、いちごなどです。ビタミンCと合わせてエネルギーの代謝に役立ち、筋肉の合成に関わるビタミンB群も一緒に摂るとさらに完璧。こちらはキノコやブロッコリーなどの色の濃い野菜に多く含まれています。**果物や野菜はタンパク質の倍量を食べるのが理想**ですが、なかなかそうはいかないもの。**毎食必ず野菜中心の副菜を摂り、一日一品、果物を摂ることを心がけ**ましょう。

筋肉が大きくなる「筋肥大」

筋肉が増える仕組みは2つある。

筋トレによる筋肉の発達は、
筋線維が太くなる「筋肥大」

筋線維の増加は、人ではほとんどみられない

しかし筋線維が太くなると、
筋線維同士が剥がれたり、
筋膜の損傷を招いたり、いわゆる
肉ばなれが起こりやすくなる。

↓

肉ばなれにはビタミンCが効果的

野菜や果物は上質な筋肉に欠かせない

ビタミンC　ピーマン、芽キャベツ、レモン、キウイ、いちごなど

▶ 保水力があり、筋肉の粘度を上げて
筋肉同士を剥がれにくくし肉ばなれを防ぐ

▶ 筋膜や腱やじん帯を構成する
コラーゲンをつくる働きを促進

ビタミンB群　ブロッコリーなどの色の濃いやキノコ類野菜に多い

▶ エネルギーの代謝に役立ち、筋肉の合成にも関わる

毎食野菜中心の副菜を摂り、一日一品果物を！

ハードな筋トレをしていない人でもプロテインは飲んでいいの？

プロテインを飲むなら夕方がおすすめ

プロテインはタンパク質という意味で、一般的にはプロテインを多く含むパウダー状の食品、プロテインパウダーの略称として使われています。**タンパク質は筋肉だけでなく、皮膚、骨、血液（血球）、ホルモンなどの材料として欠かせない要素**です。ですから筋トレをしていなくても、美容上も健康上もタンパク質はとても重要です。

毎回の食事でしっかり肉や魚、牛乳やヨーグルト、卵なども摂っているならばプロテインは必要ありません。**プロテインを利用すべきなのは食事から必要なタンパク質が十分に摂れないとき**です。食が細い、肉や魚を食べると消化不良を起こす、外食やお弁当が多く主菜が不足しがちなどの人はプロテインを活用しましょう。ただし、タンパク質の吸収にはビタミンC、ビタミンB群が必要ですし、糖質がないと筋肉への取り込みが進みません。肝心なのはバランスのよい食事です。

日本食は健康食として世界に知られていますが、伝統的な「主食、主菜、副菜、汁物」という食事構成は、体に必要な栄養素をバランスよく摂ることができる優れたメソッドです。主食の米やパンはエネルギー源となり、主菜のタンパク質が体をつくり、同じく主菜の脂質は細胞やホルモンの材料となります。副菜の野菜、キノコ、海藻などはビタミン、ミネラル、食物繊維を豊富に含み、体の調子を整え、汁物で水分が補給されます。

プロテインはどんな人が飲むといい？

食が細い……

食事が偏りがち……

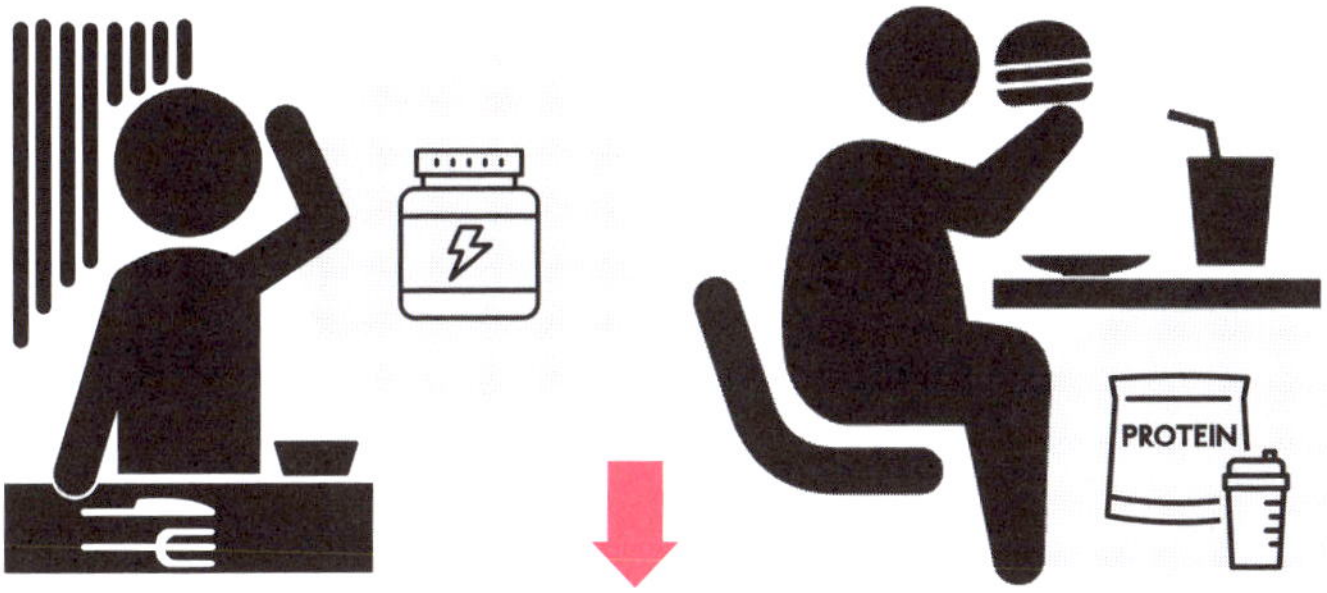

こんな人はプロテインを活用しよう！

正しい食事構成が基本

主食・主菜・副菜・汁物が基本になる。

主食の米やパン

・主要なエネルギーの供給源
・代謝に必要なビタミンB群などを含む

副菜の野菜、キノコ、海藻

・ビタミンとミネラルを含み体調を整える
・食物繊維が腹持ちをよくし、大腸を整える

主菜の肉や魚、大豆製品

・体をつくるタンパク質の供給源
・細胞膜やホルモンの材料となる脂質を含む

汁物

・最も必要な水分の供給源
・腹持ちをよくして過食をおさえる

プロトレーナーが教える、本当に正しいプロテインの飲み方

夕方に高タンパク食品を摂ろう！

111ページで、1食あたり30〜40gのタンパク質が必要と述べましたが、水や牛乳に溶かして飲むだけで手軽に20〜30gのタンパク質を摂れるプロテインは、とても便利な食品です。

プロテインには牛乳からつくられる**ホエイプロテインとカゼインプロテイン、大豆からつくられるソイプロテインの3種類**があります。ホエイプロテインは消化吸収が速いので増量向きで、カゼインプロテインは腹持ちがいいので食事制限中に向いています。牛乳に含まれる乳糖によって消化不良を起こし、おなかがゆるむという人には、ソイプロテインがおすすめです。最近はホエイプロテインからさらに脂質や糖を取り除き、非常に高タンパクに仕上げたホエイプロテインアイソレート（WPI）という種類もあります。こちらも乳糖が合わない方におすすめです。

近年、**プロテインパウダー以外にも、プロテインバー、ヨーグルト、ソーセージ、パン、パスタなどさまざまなタイプの高タンパク食品**が店頭やネットで手軽に手に入るようになりました。最も血糖値が下がる夕方に間食（補食）としてこれらの食品を摂ると、血糖値の低下による筋肉の分解を防ぐとともに、血液を介して筋肉にアミノ酸を供給してくれるので、筋肉を効率よく増やすのに役立ちます。自分に合った特徴のタンパク質食品を夕方に摂るようにしましょう。

おやつの時間にプロテインを補給

昼食と夜食の間は血糖値が下がって
筋肉の分解が進む

↓

このタイミングで
プロテインを摂ると効果的!

プラスで糖質を摂取
- 筋肉が分解されて糖質になるのを防ぐ
- 糖とアミノ酸をすみやかに筋肉に補給する

おもなプロテインの種類と特徴

プロテインの種類	特徴	こんな人に
ホエイプロテイン 牛乳の乳清からタンパク質を抽出したもの。	消化吸収が速く、速やかに筋肉にアミノ酸を供給する。	より筋肉量を増やしたい人、筋肉がつきにくい人。
カゼインプロテイン 牛乳中のタンパク質の大半を占めるカゼインを抽出したもの。	消化吸収がゆるやかで腹持ちがよい。	タンパク質を補いつつ不要な間食や過食をおさえたい人。
ソイプロテイン 大豆タンパクを抽出した植物性のプロテイン。	消化吸収がゆるやか。乳糖を含まず、食物繊維及び女性ホルモンに似たイソフラボンが豊富。	乳製品を摂るとおなかの調子が悪くなる人。野菜が不足している人。ダイエット中、更年期以降の女性。

【そのほかのタンパク質食品の例】 ・プロテインパウダー ・プロテインバー ・プロテインヨーグルト ・プロテインソーセージ ・プロテインブレッド

引き締まった体づくりには、男性はカゼインプロテイン、
女性はソイプロテインがおすすめ

たっぷりの水を飲んで筋トレの効果をアップ

水分をしっかり摂ればダイエットにも効果あり

人間の体はおよそ60％が水分でできています。水分は細胞、血液やリンパ液の主成分であり、生命維持に欠かせない人体に最も必要な栄養素です。**体内に十分な水分がないと血液の流れが停滞して血栓ができやすくなったり、脳の機能が低下したりさまざまな問題が起こります**。また筋肉にとっても水分は不可欠。筋肉の細胞間にも血管は張り巡らされているので、水分が不足すると筋肉の老廃物除去が遅れるだけでなく、正常に収縮できずにけいれんを起こすなどします。このような水分不足に陥らないためにも、日頃から水分補給を心がけ、特に汗をかく運動中、またその前後には水分をしっかり摂るようにします。

水分補給はダイエットにも効果的です。そもそも食欲の半分は実は「水分欲」。水分を摂ることで必要以上の食欲がおさえられ、自然と食事量が減ります。食事の前後、また食事中にコップ1杯、２００㎖の水分を摂りましょう。

ノンカロリー、ノンカフェインであれば水でなくてもよく、たとえば白湯や麦茶、ハーブティーなどでもＯＫです。緑茶、紅茶、コーヒーなどは利尿作用があるカフェインが含まれているので、飲んだ分だけ水分が排出されてしまいます。アルコールはカロリーも利尿作用もあるので、水分としてカウントしません。おすすめは無糖の炭酸水。満腹感があり、食べすぎ予防に最適です。

体の水分不足が不調につながる

人の体のおよそ60%が水分

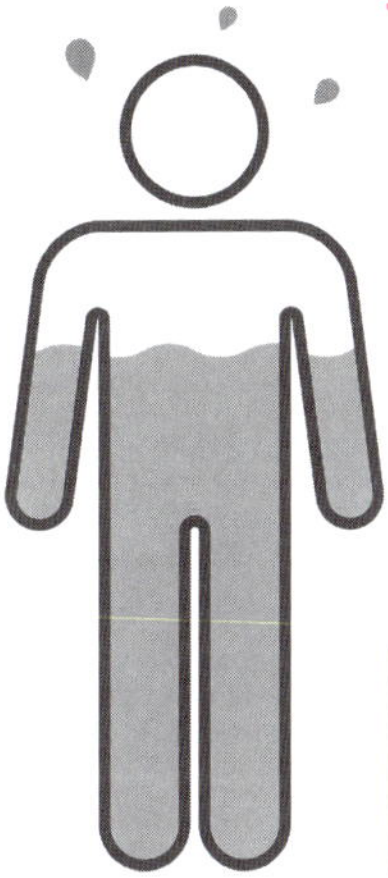

水分不足で起こる不調

- 体温の調節ができなくなる
- 血液の粘性が高まる
- 筋肉のけいれん
- 疲労感
- 筋肉のハリが失われる
- 肌の乾燥

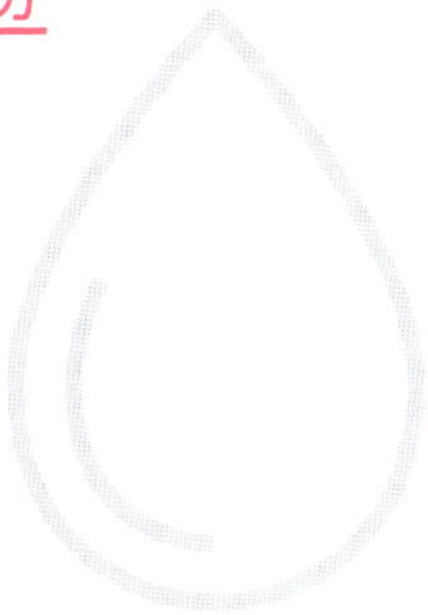

汗をかきやすい運動中、運動前後は意識的に水分補給を！

運動中におすすめの水分補給

ノンカロリー、ノンカフェインのドリンクであれば水以外もOK。

ノンカフェインの飲料はOK

白湯、麦茶、ハーブティーなど。

イチオシ

無糖の炭酸水

満腹感があり、食事の前に飲めば食べ過ぎの予防に○。

利尿作用のある飲み物はおすすめできない

カフェインが含まれている緑茶、中国茶、紅茶、コーヒーなど。アルコールはもちろん×。

1日に飲む水分量はおよそ2ℓを目安に

食事の前後、食事中にコップ1杯の水分を。

油＝悪は誤解！筋肉にいい油の摂り方

体に有益な油・オメガ3系がおすすめ

これまで、細胞膜や性ホルモンなどの材料となる脂質が健康上も美容上も必要で、筋肉をつけるためにも不可欠だということをお伝えしました。ですが、適切な量と質を知っておくことが必要です。糖質とタンパク質が１ｇあたり４ｋｃａｌなのに対して脂質は１ｇあたり９ｋｃａｌと高エネルギー。**脂質の摂り過ぎはコレステロールや中性脂肪を増やして健康を損ねる危険**があります。また運動中には活性酸素が大量に発生します。それが脂肪と結びつくと、動脈硬化などの原因にもなる過酸化脂質が発生します。

適切に脂質を摂るには脂肪を構成する脂肪酸という成分を知ることがカギを握ります。脂肪酸は大きく分けると飽和脂肪酸と不飽和脂肪酸の2つ。飽和脂肪酸は動物性脂質に多く含まれ、動脈硬化などと関連が深いとされます。一方、**植物や魚に多く含まれる不飽和脂肪酸は、それを予防する効果がある**といわれます。

不飽和脂肪酸の中でも**特に注目したいのがオメガ3系**といわれるもの。これは血液中の中性脂肪を減らして血栓ができるのを防いだり、筋肉周辺の神経損傷を保護したりと、体の中で有益な働きをしてくれます。オメガ3系を多く含む食品はえごま油、アマニ油といったオイル、マグロ、サバやイワシなどの青魚など。オメガ3系は酸化しやすいため、加熱しないで食べるのがベストです。

体によい油と悪い油

トレーニングで注意したい「脂肪」のリスク

▶ タンパク質の摂り方によってはコレステロールや体脂肪が増えるリスクがある

▶ 運動中に発生する活性酸素が脂肪と結びつくと、動脈硬化などの原因になる過酸化脂質がつくられる

健康的にトレーニングを行うカギは「脂肪酸」

脂肪酸は脂肪を構成する成分。大きく分けて２種類ある。

good

不飽和脂肪酸

植物や魚に多く、動脈硬化を予防する効果があるといわれる。

bad

飽和脂肪酸

動物性脂質に多く含まれ、動脈硬化などの疾患と関連が深い。

積極的に摂りたい油「オメガ3系」

不飽和脂肪酸の1つ

オメガ3系

・血液中の中性脂肪を減らす
・血栓ができるのを防ぐ
・筋肉周辺の神経損傷を保護

オメガ3系を多く含む食品

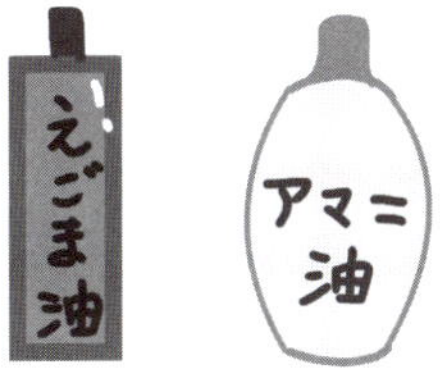

えごま油　アマニ油

青魚

（刺身、カルパッチョなど生食がおすすめ）

タンパク質と疲労回復成分が豊富な鶏胸肉は筋トレ最強フード

鶏胸肉とささみは体の疲労回復に役立つ

最近になって、渡り鳥の羽の付け根に「イミダゾールジペプチド」という疲労回復物質が含まれていることがわかってきました。渡り鳥が長距離を飛ぶことができるのは、体内でこの物質を合成しているからだと考えられています。

イミダゾールジペプチドは強力な抗酸化作用が特徴です。体内に発生した活性酸素による細胞のダメージを防ぐ働きで、疲労の原因を根本から取り除くことができるのです。**イミダゾールジペプチドを摂ると、肉体的な疲労感を取り除くとともに、脳にも働きかけて、疲れた自律神経の回復にも効果がある**ことがわかってきました。

この物質を多く含む食べ物の代表は鶏胸肉とささみ。**ともに低脂肪高タンパクかつ、低カロリーで高タンパクの鶏胸肉は、エネルギーの代謝に役立ち、筋肉の合成に関わるビタミンB群もバランスよく含まれているので筋トレの最強フード。**筋トレを長く続けるうちに、知らずにたまってしまった疲労には、鶏胸肉とささみを食べて、体の中から疲労回復をはかりましょう。

ただし、動物性タンパク質は、腸内の悪玉菌を増やしてしまいます。善玉菌のエサとなる食物繊維を多く含んだ大豆や大豆製品から、植物性タンパク質も摂りましょう。また、発酵食品に含まれる植物性乳酸菌も、腸内の善玉菌を増やして腸内環境を改善してくれます。

渡り鳥の長距離飛行を可能にする疲労回復物質

渡り鳥は長距離を飛んで疲れないの？

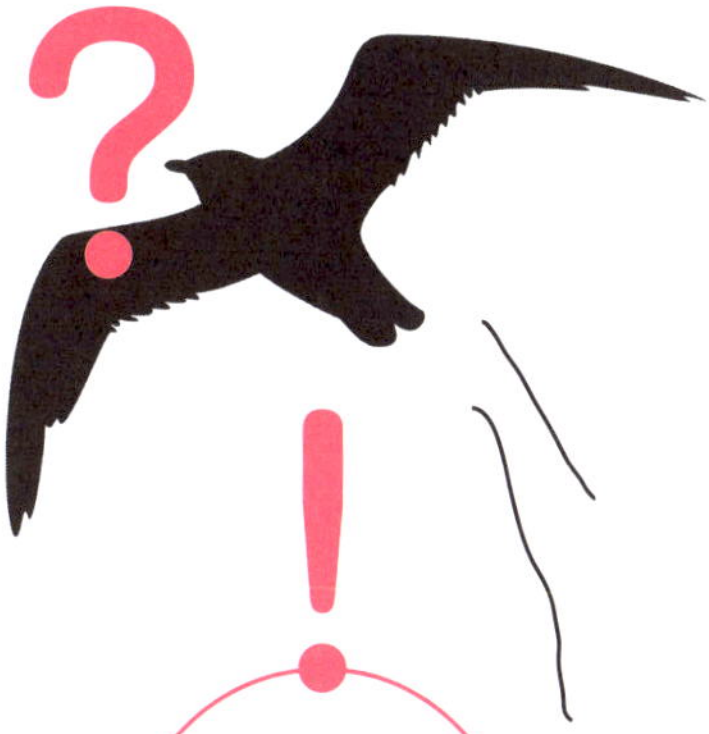

だから
長距離を
飛べる！

疲労回復物質
「イミダゾールジペプチド」
が羽の付け根に含まれている

強力な抗酸化作用

↓

- 疲労の原因を根本から取り除く
- 自律神経の回復にも効果

イミダゾールジペプチド
2つのアミノ酸が結合した物質。体内でアミノ酸が巡って活性酸素を除去。人の筋肉にも含まれる。

鶏胸肉とささみには疲労回復物質がたっぷり

疲労回復物質イミダゾールジペプチドが豊富。

低カロリー
高タンパク

エネルギー
代謝を円滑に

タンパク質
合成促進

疲労
回復

筋トレでたまった疲れは
鶏胸肉&ささみを食べて回復！

一緒に摂るとよいもの

キムチ、納豆、みそなどの発酵食品
善玉菌を増やし、動物性タンパク質を食べることで悪化しやすい腸内環境を改善してくれる。

【著者紹介】

坂詰 真二（さかづめ・しんじ）

スポーツ&サイエンス代表。NACA認定ストレングス&コンディショニング・スペシャリスト。横浜リゾート&スポーツ専門学校講師。各種アスリートへの指導や後進トレーナーの育成を務めながら、雑誌 『Tarzan』（マガジンハウス）など様々なメディアでの運動指導を行う。2023年YouTube 『真・トレーニングちゃんねる』を開設。『世界一やせるスクワット』、『1日1ページで痩せる ダイエット最強の教科書』（共に日本文芸社）など著書多数。

【参考文献】

『超カンタン! 1日3分で効果絶大! 世界一やせるスクワット』（坂詰真二 監修／日本文芸社）
『1日3分でおなかも脚も細くなる 女子のスクワット』（坂詰真二 著／日本文芸社）
『世界最新のボディメイク―今までの常識が覆る! エキセントリックトレーニング』（野坂和則、坂詰真二 監修／日本文芸社）
『1日1ページで痩せる ダイエット最強の教科書』（坂詰真二 監修／日本文芸社）
『即効! 3日に1度で劇的に変わる! 世界一引き締まる6回腹筋』（坂詰真二 著／日本文芸社）
『新版 筋トレと栄養の科学』（坂詰真二、石川三知 監修／新星出版社）
『女子の筋トレ&筋肉ごはん』（坂詰真二 著・河村玲子 監修／新星出版社）
『筋トレは下半身だけやればいい（SB新書）』（坂詰真二 著／SBクリエイティブ）
※この他にも、多くの書籍やWebサイト等を参考にしています。

【STAFF】

編集 ―― 室橋織江
執筆 ―― 栗栖美樹／成見智子／加藤恭子／岡本ジュン
イラスト ―― 内山弘隆、PIXTA
デザイン ―― 金谷知哲（ディアクティブ）
カバーデザイン ―― 武本朔弥（アイル企画）
カバーイラスト ―― 羽田創哉（アイル企画）
校正 ―― 聚珍社
編集協力 ―― 鈴木有一（アマナ）

眠《ねむ》れなくなるほど面白《おもしろ》い　図解《ずかい》 筋肉《きんにく》の話《はなし》

2025年3月10日　第1刷発行

著　　者　坂詰真二《さかづめしんじ》
発 行 者　竹村 響
印 刷 所　株式会社 光邦
製 本 所　株式会社 光邦
発 行 所　株式会社 日本文芸社
〒100-0003　東京都千代田区一ツ橋1-1-1 パレスサイドビル8F

乱丁・落丁などの不良品、内容に関するお問い合わせは
小社ウェブサイトお問い合わせフォームまでお願いいたします。
ウェブサイト　https://www.nihonbungeisha.co.jp/

Printed in Japan 112250226-112250226Ⓝ01　(300089)
ISBN978-4-537-22277-7
（編集担当：萩原）